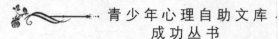
青少年心理自助文库
成功丛书

# 口 才

## 妙语连珠落玉盘

**郭龙江**/著

 最完整、最实用的心理策略，
最简单、最有效的说话技巧。

中国出版集团　现代出版社

**图书在版编目(CIP)数据**

口才:妙语连珠落玉盘／郭龙江著. —北京:现代出版社,2013.11
(2021.3 重印)

(青少年心理自助文库)

ISBN 978-7-5143-1840-1

Ⅰ. ①口… Ⅱ. ①郭… Ⅲ. ①口才学–青年读物
②口才学–少年读物 Ⅳ. ①H019 – 49

中国版本图书馆 CIP 数据核字(2013)第 273489 号

| | |
|---|---|
| **作　　者** | 郭龙江 |
| **责任编辑** | 刘　刚 |
| **出版发行** | 现代出版社 |
| **通讯地址** | 北京市安定门外安华里504 号 |
| **邮政编码** | 100011 |
| **电　　话** | 010 – 64267325 64245264(传真) |
| **网　　址** | www. 1980xd. com |
| **电子邮箱** | xiandai@ cnpitc. com. cn |
| **印　　刷** | 河北飞鸿印刷有限责任公司 |
| **开　　本** | 710mm×1000mm　1/16 |
| **印　　张** | 12 |
| **版　　次** | 2013 年11 月第1 版　2021 年3 月第3 次印刷 |
| **书　　号** | ISBN 978-7-5143-1840-1 |
| **定　　价** | 39. 80 元 |

# P 前 言
## REFACE

为什么当今时代一部分青少年拥有幸福的生活却依然感觉不幸福、不快乐？又怎样才能彻底摆脱日复一日的身心疲惫？怎样才能活得更真实、更快乐？越是在喧嚣和困惑的环境中无所适从，我们越是觉得快乐和宁静是何等的难能可贵。其实，正所谓"心安处即自由乡"，善于调节内心是一种拯救自我的能力。当我们能够对自我有清醒认识、对他人能宽容友善、对生活无限热爱的时候，一个拥有强大的心灵力量的你将会更加自信而乐观地面对一切。

青少年是国家的未来和希望。对于青少年的心理健康教育，直接关系着下一代能否健康成长，能否承担起建设和谐社会的重任。作为家庭、学校和社会，不能仅仅重视文化专业知识的教育，还要注重培养孩子们健康的心态和良好的心理素质，从改进教育方法上来真正关心、爱护和尊重他们。如何正确引导青少年走向健康的心理状态，是家庭、学校和社会的共同责任。因为心理自助能够帮助青少年解决心理问题、获得自我成长，最重要之处在于它能够激发青少年自我探索的精神取向。自我探索是对自身的心理状态、思维方式、情绪反应和性格能力等方面的深入觉察。很多科学研究发现，这种觉察和了解本身对于心理问题就具有治疗的作用。此外，通过自我探索，青少年能够看到自己的问题所在，明确在哪些方面需要改善，从而"对症下药"。

每个人赤条条来到世间，又赤条条回归"上苍"，都要经历其生老病死和喜怒哀乐的自然规律。然而，善于策划人生的人就成名了、成才了、成功了、富有了,一生过得轰轰烈烈、滋滋润润。不能策划的人就生活得悄无声息、平平淡淡,有些甚至贫穷不堪。甚至是同名同姓、同一个时间出生的人,也仍然不可能有一样的生活道路、一样的前程和运势。

人们过去总是把它归结为命运的安排,生活中现在也有不少人仍然还是这样认为,是上帝的造就。其实,只要认真想一想,再好的命运如果没有个人的主观努力,天上不会掉馅饼,地上也不会长钞票;再坏的命运,只要经过个人不断的努力拼搏,还是可以改变人生道路的。

古往今来,没有策划的人生不是完美的人生,没有策划的人只能是碌碌无为的庸人、畏畏缩缩的小人、浑浑噩噩的闲人。

在社会人群中,2∶8 规律始终存在,22%的人掌握着78%的财富,而78%的人只有22%的财富,在这22%的成功人士中,几乎可以说都是经过策划才成名、成才、成功的。

策划的人生由于有目标有计划,因而在其人生的过程中是充实的、刺激的、完美的、幸福的。策划可以使人兴奋,策划可以使人激动,策划可以使人上进。

本丛书从心理问题的普遍性着手,分别描述了性格、情绪、压力、意志、人际交往、异常行为等方面容易出现的一些心理问题,并提出了具体实用的应对策略,以帮助青少年读者驱散心灵的阴霾,科学调适身心,实现心理自助。

本丛书是你化解烦恼的心灵修养课,可以给你增加快乐的心理自助术。本丛书会让你认识到:掌控心理,方能掌控世界;改变自己,才能改变一切。本丛书还将告诉你:只有实现积极心理自助,才能收获快乐人生。

# C目 录
ONTENTS

- - - - - - - - - - - - - - - - - - - - - - - - - - - - - - - - - - - - - -

## 第七篇　学会拒绝的艺术

## 第八篇　机智应对　意外精彩

## 第九篇　说服的口才价值

# 第一篇

## 好口才影响你的人生

从古至今，口才都十分重要。口才好的人可以获得比别人更多的机会去展现自己，获得更多的发展机会。有口才的人总是能轻易成为核心人物，团队的领袖一定是会演讲、口才好的人。个人魅力，服众很重要。能滔滔不绝，让人心悦诚服的人无论到哪里都会有朋友，朋友多了商机就多，办事也会方便很多。口才好的人通常能给别人留下良好的印象，初次见面就能赢得别人的尊重，这点很重要。口才好的人总会获得比别人更多的机会，发展自然会更快更顺利。

# 会说话是一种技术也是一种艺术

会说话是一个人提高办事能力的必要手段，尤其是那些身在职场中的人，更应注重自己的说话能力，这对于自己的工作有相当大的益处。

**一个会说话的人，能够流利地表达出自己的意图，也能够把道理说得十分清楚、动听，使别人也能乐意地接受。** 有时候还可以立刻从问答中测定出对方语言的意图，从对方的谈话中得到一些启示，了解对方，与对方建立起良好的友谊。

然而，由于我们通常会看到有很多不会说话的人，他们说话不能完全表达出自己的意图，常使对方听起来既费神，而又不能使人信服地接受，这样一来就给自己的交际圈带来了一些不可避免的麻烦。

遇到有事情需要跟别人交接，或有事情需要跟别人合作时，说话流利的人，总可以非常愉快地谈成许多事情，使人能够清楚地明白他的意图，而不会说话的人则恰恰相反。

在现实生活中，人与人之间及人与社会之间的关系是相当密切的那种关系，所以社会交往也是不可缺少的。随着人们互相合作机会的进一步增加，人们的语言表达能力便显得更加重要了。

人类生活到了现在，会说话已成为决定一个人生活及事业优劣成败的一个重要因素。因为一个人每天所说的话，可以判定他每天的工作生活情况；一个人每天的喜怒哀乐，一般都能从其言语上反映出来。会说话，说话流利会使人托付重任。有了才干，即使没有会说话的能力，尽管同样也可以达到成功的目的，但是那些有才干又有会说话能力的人，比前者成功的几率要大得多。

一个人的才干可以通过言语谈吐加以充分地表露出来，使对方能够更进一步地了解你，并且信任你，这样对方才敢托付给你重任。尤其是一个有学问而没有会说话能力的人和人交谈时，就有点儿难于应付，同时在无形中就损失了很多利益。

有的人在繁忙的人事接触中，会感觉到别人说的话似乎在威胁自己，或许别人的说话太圆滑多变，太富于煽动性，使自己说起话来反倒感觉有些木讷结舌。**一个滔滔不绝的说话者，颇有一种不可思议的力量，他的说话能力可以影响周围气氛的松弛与紧张。**

说话流利的人是非常受人欢迎的，他能使许多原先不相识的人携起手来一起做事；亦能使许多本来彼此不认识的人互相了解；能替人排解纠纷，消除人与人之间的隔阂。能医治他人的愁苦、忧闷，使大家生活得更美好、更快乐。我们又知道说话流利的人能把生活搞得特别有趣，而又非常开心和快乐，他们工作之余的时间和朋友或家人可以快快乐乐地过一个晚上，常会使大家得到许多意想不到的乐趣。

很多人感到自己说话不怎么流利，在生活上感觉有些不方便。他们平时说话非常的少，如果与交往得非常熟的朋友在一起东拉西扯倒还可以，可是一到要办事的时候，有时一句用得上的话也说不上来。他们在社会生活中，到处都感觉话不达意，时时感到困窘。

由此别人就会说他们是老实人，他们也会渐渐地认为自己是一个老实人，自己对自己说，或是对别人说：我是老实人，我不会说话。好像老实人就必定是不会说话，不会说话的必定是老实人一样。如此，怪不得有些人取笑说："老实乃无用之别名。"社会上有很多不老实的人，利用了一般所谓的老实人不会说话的弱点，占他们的便宜。这些会说话而不老实的人，确实是非常可恨的。

会说话的人，最恨的就是这些人，骂他们花言巧语，骂他们尖嘴利舌，骂他们滑头。然而会说话的人也未必都不是不老实的人。

如此一来，那些不会说话的人，也不应自以为比那些会说话而不老实的人清高，他们想："尽管不会说话，但自己是位老老实实的人。"

因此，有些人就会因此而不肯去补救他们不会说话的弱点，错误地认为去学说话，就是去学滑头，学不老实。但是多数老实人并不那样想，他们倒真是老实地承认，不会说话是他们自身最大的缺陷。他们想练习一下自己会说话的能力，由于他们知道只要有了很好的会说话能力之后，才不会做一个"语不达意"的老实人；才不会在生活、工作上遇到许多不能自己解决的困难；才能促进自己事业成功，使自己的生活顺利而愉快。

不会说话的人，好比那些发不出声音的留声机，虽然在那里转动，却不能让人享受到音乐的美妙。工业社会是一个繁忙的社会，具有会说话能力的人，必然是现代社会中的活跃人物。

**会说话是一种技术，也是一种艺术。**能干的大企业家，定要具备这种技术或艺术，律师、教师、推销员等，大都是那些会说话的人。会说话是人类生活中应用最普遍而最难能可贵的技术或艺术。**一个人的说话能力能够代表一个人做事的力量，会说话的人比较容易受到别人的尊敬，而说话能力差的人易被人冷落遗忘。由此足以显示"会说话"三字利于人生，在人生旅程中具有重要的意义。**

人类生活已到了不能孤独生存的境地，语言的作用，更表现出不可一时或缺。不管在什么环境中，你都无法避免跟人们交往，那么你就不能不依靠说话来作为交往的媒介。会说话的人，说得使人佩服，通常能使一个人的地位抬高许多，就是胸无半点常识的人，通常来说，由于会说话，别人都认为他是个能人。当然，并不是说如果一个人只要会说话，就能够对付一切事情，主要是由于如果具备很好的说话能力，无论是立身处世，还是处友待人，都一定会给你很多帮助。

人的见解，往往要经过很长时间才能够形成，但是可以改变的。通过这一点，当你遇到别人的意见和自己不一致时，一方面就不会过于心急地要求别人立刻表示同意，就会容人多多考虑一下，且也还希望别人多多考虑一下才相信；另一方面，也不至于一听见别人的意见与自己不同，就说什么"话不投机半句多"。三言两语合不来，就断绝与别人的交往、闭口不谈。而相反地，你要很有兴趣地听别人有什么不同的意见。

商务活动是企业间利益争夺的核心战场，是一种充满智慧的活动。沟通已成为商务活动中打开局面的核武器！沟通从"嘴"开始，你不会说，不会表达，纵有满腹经纶，想击败与征服对方也是非常困难的。

就做生意而言,并不完全是做出来的,很大一部分是靠谈出来的,若你是一位老板,你必须拥有卓越的说话能力与演讲技能,让你的嘴巴充满智慧,才可以说服对手,感化对手,征服对手。

请记住:会说话是成就你一生的财富。

 心灵悄悄话

口才是生活的调味剂,是事业的推进器,是家庭的和谐曲,也是实现自我的凯旋曲,拥有好口才是我们人生的重要财富。

# 会说话是人生的重要财富

## 口才对人的重要作用

语表人意,言为心声。语言是人类有效的沟通工具,是人类表达思想的载体,是人类不可或缺的成功智慧。

**纵观古今,善言者长于辩,善思者敏于慧。有思而不能言与有言而不能思的人一样,都是失败者。**有了好口才,人们便再也没有什么不好说、不能说、不敢说、不会说的诸类禁区。在生活中,人人羡慕好口才,人人更需要有好口才。因为有了好口才,我们可以交友如云,化险为夷,赢遍天下。

**会说话的人可以使顾客盈门,财通三江,而不是门可罗雀,债台高筑;会说话的人可以使合家欢乐,其乐融融,而不是举家烦闷,愁肠百结;好的口才如江水直下,一泻千里;如绵绵春雨,滋润心田。**秦末时期,陈胜、吴广揭竿而起,大喊:"公等遇雨,皆已失期当斩。借第令毋斩,而戍死者固十六七。且壮士不死即已,死即举大名耳,王侯将相宁有种乎?"此话振聋发聩,令人热血沸腾,奋力相随。可见,"一人之辩重于九鼎之宝"。

事业的成功与否也离不开你的口才。好的口才可以使你获得别人的帮助,受到他人的赞赏。有这么一句俗话:**"一句话使人跳,一句话使人笑。"**这是我们前人对口才重要性的感悟。在中国的历史上,善辩之士有许多:晏子使楚,名扬千秋;苏秦善辩,穿梭六国;解缙巧对,传为美谈;鲁迅、闻一多、周恩来、陈毅,更是现代能言善辩的口才泰斗。

在西方国家也有相通之处,古罗马杰出的政治家、哲学家和文学家西塞罗具有出众的演说才能,他能把演讲的社会作用推广到惊人的程度,并凭着自己的一张利嘴跻身政界,成为罗马的检察官和执政官。18 世纪的英国在工业革命之后发展得很快,议会议员皮特有"第一张铁嘴"之称,其演讲的声音洪亮、言辞激越、感情充沛,这种非凡的口才使他打败了一个又一个政敌,并赢得了人民的支持和理解,一跃成为英国首相。

古希腊曾流传这样一则故事:

著名的寓言大师伊索年轻时曾在一贵族家当奴仆。一天,主人准备设宴,邀请城中的风流名士。主人让伊索准备最好的美味佳肴招待客人,伊索接到主人的命令后,四处收集各种动物的舌头,办了一桌舌头宴。开宴时,主人看了大吃一惊,忙问:"这是怎么回事?"伊索笑着回答:"尊敬的主人,舌头是引导各种学问的关键,对于这些名士、贵族们来说,舌头宴不是最好的菜吗?"客人听后,一个个都高兴地笑了。主人也对伊索的机智表示赞许。次日,主人又吩咐伊索说:"明天再帮我办一次酒宴,酒菜要最差的。"但是第二天的菜依然是舌头。主人见状勃然大怒。伊索却不慌不忙地解释说:"难道您不知道祸从口出这个道理吗? 舌头既是最好的东西,也是最坏的东西啊!"主人听后无言以对。

尽管故事的情节可能是虚构的,但却说明了一个道理:口才对人来说发挥着重要的作用。

## 会说话能助你无往而不胜

人类迈入 21 世纪之后,社会各项事业蓬勃发展。口才不仅成为人们日常生活的一个重要组成部分,也是人们事业成败的一个举足轻重的先决条件。

打一个通俗的比喻,在现代社会,人离不开说话,犹如鱼离不开水一样。有位名叫亚诺·本奈的外国小说家曾说:日常生活中大部分的摩擦和冲突都起因于恼人的声音、语调以及不良的谈吐习惯。此话说得颇有道理。只要我们仔细观察身边的人就会发现,谈吐的缺陷往往可能导致个人事业的不幸,可能导致父子不和、夫妻离异乃至国际关系的紧张与恶化。一个人的谈吐如何,往往决定别人是否愿意聘他工作、与之交往,或者是否愿意投之以信任或是否愿意与之发生经济合作。

如果一个人谈吐有障碍或者表达能力不足,则会被人低估能力,以致被人扭曲形象。即使一个人的思想如星星般光耀生辉,即使勤奋得像一头老黄牛,即使知识渊博得像一部百科全书,但若缺乏良好的谈吐能力,成功的机遇就会比其他的人少得多,也往往难以达到自己的目标。

春秋战国时期的张仪是一名出色的游说家。据传,他初到楚国当说客时,一天,碰巧相国家丢失了玉璧,主人一口咬定他是窃贼,将其严刑拷打后逐出府门。回家后,妻子叹着气说:"你若不读书游说的话,怎么会遭到这样的奇耻大辱呢?"谁知张仪并无愠怒之色,反而问道:"我的舌头还在吗?"张仪听说舌头还在,舒了一口气说:"够了。"因为他懂得,只要自己的舌头还在,自己就有希望。后来,他凭借三寸不烂之舌扶摇直上,当上了"一人之下,万人之上"的相国。

俄国的伟大导师列宁曾经指出:**"一个鼓动家就是一个善于对群众讲话,善于用自己的热情之火激发群众,善于抓住说明问题的事实的人民演说家。"**列宁本人也正是一名卓越的演说家、雄辩家。他的一生光辉灿烂,名垂青史,恐怕与他那超凡出众的演说能力以及出类拔萃的辩论之术息息相关。

一次,我国某公司与国外某财团谈判关于合资经营新型浮法玻璃厂问题。对方以其技术设备先进为由,漫天要价,使谈判一度陷入僵局。

后来,该财团所在地的市商会邀请我方代表发表演讲,该代表说:"中国是一个文明古国,我们的祖先早在1000多年前就将四大发明的生产技术无条件地贡献给了人类,而他们的后代子孙从未埋怨他们抛弃专利是愚蠢的做法,相反,却盛赞祖先为推进世界科学的进步做出了杰出的贡献。现在,中国与各国的经济合作,并不要求各国无条件地让出专利权,只要价格合理,我们一个钱也不少给。"

这场精彩的演讲,赢得了与会者的一致赞赏,更赢得了国外财团在谈判中的妥协与让步,使双方的合作得以实现。

**心灵悄悄话**

拥有能言善辩的好口才能助你无注而不胜。成功——必须先从学会说话开始,现在各行各业都需要拥有好口才的人。纵然我们才高八斗、技能高超,倘若我们连话都讲不清楚,和别人沟通起来总是让人别扭,不讨别人的喜欢,那我们对社会的贡献一定是有限的。因为我们缺乏传播知识的能力,我们没有口才就不会有说服力,没有说服力就不会有影响力,没有影响力就不会有领导力,没有领导力就只能单枪匹马、独自奋斗。

# 会说话是人生成功的阶梯

那是1860年深冬的某一天，整个伦敦城被笼罩在纷飞的大雪之中，街上行人稀少。然而，有一位穿着不整、神态忧郁的青年人徘徊在一家豪宅门口。那是当时英国巨富克尔顿爵士的宅院，据说那座宅院是当时伦敦这座城市里最华丽的豪宅之一。青年人要求晋见克尔顿爵士，想让爵士给他一份工作。他已经在那门前软磨硬泡两天了，可势利的门房就是不替他通报。在门房的讥嘲恐吓之下，那位青年人丝毫没有退缩的意思，而是一边跺着脚驱除饥饿与寒冷，一边继续等待机会。

第三天的清晨，克尔顿爵士终于出现了，他要去赴一个约会。青年突然出现在他的面前，诚挚地请求和他说一句话。克尔顿爵士上下打量了这位陌生的怪客，心里感到有点惊奇，这显然是一个饱受穷困折磨的青年，或许是出于好奇，或许是出于怜悯，沉默片刻之后，克尔顿爵士微微地点了点头。

由于要赶赴约会，克尔顿爵士原本准备最多和青年人谈两句话，谁知一讲就是几十句，接着一分钟过去了，一刻钟又过去了，他还没有打断青年的谈话。终于在半个小时之后，克尔顿爵士宣布取消赴约的行程，而用隆重的待客之礼将青年人请进自己的豪宅里。在克尔顿爵士的书房里，两人又亲密地交谈了一个下午。等到傍晚时分，克尔顿爵士打电话叫来了替自己执掌生意的几位高级经理，一起为这位青年人举行了一次小型的宴会，并当即为他安排了一个重要职务。

那位青年人也没有辜负克尔顿爵士的期望，在进入克氏企业之后，他接替克尔顿爵士的重任，当上了董事长，并且在以后的二十多年里，将克氏企业发展成为举世闻名的大财团之一。

当年的那位青年人就是英国纺织业的巨头——霍格。

一名穷困潦倒的青年,在半天之内,竟然获得如此令人羡慕的发展机遇,他成功的秘诀是什么呢?

难道不正是他那流利的好口才吗?

在高科技飞速发展的今天,新鲜事物层出不穷,社会生活中处处都充满着激烈的竞争和挑战。在错综复杂的形势之下,一个人要想做出一番成功的事业,实现人生的卓越,就更加不是一件容易的事情。它需要多种才能和资本,而好口才,正是这些才能和资本中最有效的一种。

举世闻名的美国成功学大师戴尔·卡内基曾说:**"当今社会,一个人的成功,仅仅有15%取决于技术知识,而其余的85%则取决于口才艺术。"**由此可见好口才的重要性。拥有好口才,已经成为现代人成功的必备条件之一。

拥有好口才,能使你难成之事圆满成功,能使你在危急关头化险为夷,能使你在社交中游刃有余,在商战中左右逢源,能使你在人生的旅途上大步前进。

拥有好口才,能使你轻松地说服他人,赢得宝贵的与他人合作的机会,能使你受到上司的重视,得到同辈的尊重和赢得下级的拥戴,能使你的事业一帆风顺、锦上添花。

拥有好口才能使你充分地展现自我风采,能使你处处受到他人的欢喜和关爱,能使你的事业得到他人永久的支持,能使你在职场、商场和情场中永远抢占先机,永远超凡脱俗。

拥有好口才能使你在生活和工作中出口成章,通过谈吐展现你优雅的风度和深厚的涵养,能使你迅速进入他人的心灵世界,征服他人的内心世界,能够使你在交际场中赢得好人缘。

## 口才是最有力的武器

在现代社会中，一个会说话的人，可以流利地用语言表达自己的意图，能把道理讲得很清楚，而且层次分明、有条有理，使客户和合作伙伴都乐于接受。口才好、说话流利动听的人，他在事业上成功的希望就大。80%的成功人士靠口才打天下。**鹰击长空，羽翼是最有力的保障；人要成功，口才是最有力的武器。**

某单位有两个小车司机，由于精减，两人之中只能留下一个。第一个司机说："我将来开车，一定把车收拾得非常干净利索，遵守交通规则，而且要保证领导的安全，一定要做到省油。"第二个司机，说了连3分钟都没到就结束了。他说："我过去遵守了三条原则，现在我遵守三条原则，如果今后用我，我还遵守三条原则：第一，听得，说不得；第二，吃得，喝不得；第三，开得，使不得。我过去这样做，今后我还这样做。"

领导一听，好！这个司机好！好在什么地方？听得，说不得，意思说，领导坐在车上研究一些工作，往往在没讲之前都是保密的，我只能听，我不能说，说不得，不能泄密。这个司机不可用吗？吃得，喝不得。经常陪领导到这儿开会，到那儿参加这个，参加那个，最后总得吃饭吧？好，我也得吃，但是千万不能喝酒，这叫保护领导的生命安全。第一保密，第二保护领导的生命安全，第三开得使不得。你别看我开车，但是只要领导不用的时候，我也决不为了己利私自开车，公私分明。

**有句话叫作"是人才不一定有口才，但是有口才必定是人才"。**在激烈的商业竞争中，拥有好的口才往往能事半功倍，获得意想不到的成功。就说香烟吧，谁都知道吸烟有害健康，但是用不同的方式说出来，表达的效果却是截然不同的。20世纪初上海著名的滑稽演员杜宝林，曾用自己杰出的

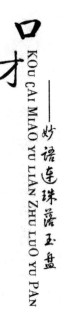
口才成功地做了一次香烟广告。

在一场演出中,他巧妙地将话题扯到了吸烟上:"抽烟其实是世界上顶坏顶坏的事。怎么讲呢? 花了钱去买尼古丁来吸嘛……我老婆就因为我喜欢抽烟,天天跟我吵架要离婚。所以,我奉劝各位千万不要抽烟。"然后,他突然一转,"不过话说回来,戒烟是最难的事。我16岁起就开始抽烟,到现在十几年了,烟不但没戒掉,瘾却越来越大了。我横竖想,最好的办法是吸尼古丁少的烟。向各位透露一个秘密:目前市场上的烟,要数'××'尼古丁最少。"他这种欲扬先抑、以退为进的方法,一下子就抓住了顾客的消费心理,自然会获得很好的效果。

初看起来,要从尼古丁的角度说服顾客去买香烟是不大可能的。但是只要你有灵活的头脑、绝佳的口才,就可以获得意想不到的成功。

通过上述一些例子,我们就可以看到,**有了好口才就能帮助你成功。好口才是人生最基本的技能,是走向成功的基本保证,掌握了说话的技巧,你就能在谈笑间达成既定的人生目标。**

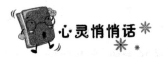

**心灵悄悄话**

良好的口才是一把利剑,它可以使你在雄辩中战胜对手。西塞罗是古罗马最负盛名的雄辩家,他常运用自己的三寸不烂之舌将政敌置于死地。公元前63年,他任执政官时期,喀提林那准备发动贵族叛乱,西塞罗就在元老院接连发表了四次反喀提林那的著名演说,使后者大失下属支持,从而最终失败,西塞罗也因此赢得了"祖国之父"的盛誉。

# 好口才,是一种卓越的人生资本

## 口才决定你的成败

这是一个越来越注重"说"的时代:竞争职位、应聘面试、推销业务……都要有说服力。社交的成功,往往是口才的产物。所谓口才就是口语表达能力,即善于用准确、贴切、生动的口语表达自己思想感情的一种能力。

在竞争日趋激烈的今天,说话不仅成了人们日常生活的一个重要组成部分,更是人们事业成败的一个举足轻重的先决条件。说话的水平和能力已成了衡量一个人整体素质不可或缺的重要标准。

**说话是一门技巧,通常会说话的人都见闻广博,喜好阅读杂志和书报,兴趣广泛而又热心活泼,与他们在一起,不仅能使人增长见识,更能让人身心愉悦。**好口才的人常给人留下良好而深刻的印象。社交场上的佼佼者,必定会在言谈中闪烁着真知灼见,给人以深邃、精辟、睿智、风流之感。

语言的力量能征服世界上最复杂的东西——人的心灵。妙语连珠、谈吐不凡已成为社交高手的重要特征之一。伟大导师列宁曾经指出:"一个鼓动家就是一个善于对群众讲话,善于用自己的热情之火激发群众,善于抓住突出的、说明问题的事实的人民演说家。"列宁本人也正是一名卓越的演说家、雄辩家。他的一生光辉灿烂,名垂青史,与他那超凡出众的演说能力以及出类拔萃的辩论之术息息相关。

"投资口才等于投资未来""要想成才先练口才",已成为现代人的职场流行口号。只会做不会说在今天的社会已吃不开。改善口才其实也就是在改变一个人的思维模式，为其职业发展打开更多的通路。

## 口才是一种神奇的魔力

口才具有非凡的作用，其效应不可小看。翻看古今中外的历史，结合现代社会的实际，口才的效应无与伦比。正所谓："三寸之舌，强于百万之师。"

历史上，毛遂自荐，救赵于危；晏子使楚，不辱使命；墨翟陈辞，止楚攻宋。诸葛亮的"隆中对策"，是使天下三足鼎立的策略基础；"舌战群儒"，更是力挽狂澜于既倒的宏论雄辩。

当代社会，口才的效应同样突出。周恩来的口才举世仰慕，被世界公认为"钢嘴"。他机敏的应变，渊博的知识，侃侃而谈的修养，不紧不慢的风格，斐然旷世，被当时的美国总统尼克松誉为"冠绝国际"；朱镕基面对几百位中外记者的轮番提问，泰然自若，谈笑风生。他轩昂的气度，潇洒的举止，答问时，要么正面对答，旗帜鲜明；要么旁敲侧击，巧发其中；要么含蓄委婉，柳暗花明；要么诙谐幽默，绵里藏针……回答问题往往一语中的，弹无虚发；相互对话则娓娓道来，情动四海。那种刚柔兼济的谈吐，成竹在胸的机变，敏于思考的智慧，无懈可击的逻辑，在国内外引起了石破天惊的反响，为党和国家树立了庄严睿智的形象。

毫不夸张地说，口才是一门语言艺术，是用口语表达思想感情的一种巧妙的形式。懂得语言艺术的人，懂得相处之道的人，他不会勉强别人与自己有相同的观点，而是巧妙地引导他人到自己的思想上来。那些善于用口语准确、贴切、生动地表达自己思想感情的人办事往往圆满，反之，不懂得语言艺术的人，往往使自己陷入困境。

西方有位哲人说过："**世间有一种成就可以使人很快完成伟业，并获得世人的认识，那就是讲话令人喜悦的能力。**"在社会交往中能够如鱼得水的人,可以顺畅地表达自己的意图,也能够完美地表达自己的意识,别人听后也会乐意接受。另外,还可以从谈话中测定对方的意图,从中得到启示,了解对方并与之建立友谊,从而在各种各样的人际交往中备受欢迎。

但是,我们也会看到许多口才不佳的人不能清楚地表达自己的意图,因而对方听得很费神,也就不可能心悦诚服地接受,这就造成了交际上的障碍。

一个好口才的人说出来的话大都能拨动人们的心弦,如同具有一种魔力,操纵着人们的情绪。他的举手投足、只言片语似乎都可以使周围的空气松弛或紧张。

好的口才能给人愉悦感,从而获得他人的尊敬;可以使相互熟识的人情更浓、爱更深;可以使陌生的人相互产生好感,结下友谊;可以使意见分歧的人互相理解,消除矛盾;可以使彼此怨恨的人化干戈为玉帛,友好相处。

心灵悄悄话

好口才是人生成功的助推器。好口才可以化解人生危机,让你摆脱困境;好口才可以使你少走弯路,缩短与成功的距离;好口才可以使你左右逢源,在万众人群之中脱颖而出。

# 好口才，是一种昂立于社会的能力

## 好口才使你出类拔萃

拥有好口才，你就能在错综复杂的人际关系网络中游刃有余，你就能于激烈的社会竞争中脱颖而出，你就能在斗智斗勇的谈判桌上侃侃而谈、屡出奇招；拥有好口才，你就能在针锋相对的辩论台前巧舌如簧、雄辩如虹，你就能在难以测定的情场中挥洒自如，胜券在握。也就是说，好口才就是成功的敲门砖。

我国某集团公司领导人出访某国，同某国外财团谈判关于合资经营新型浮法玻璃厂的问题。对方以其技术设备先进的优势漫天要价，谈判一度陷入僵局。后来，该财团所在地的市商会邀请集团公司领导人发表演讲，他在讲话中若有所指地说："中国是个文明古国，我们的祖先早在 1000 多年前就将四大发明的生产技术无条件地贡献给了人类，而他们的后代子孙从未埋怨他们不要专利是愚蠢的，相反，却盛赞祖先为推进世界科学的进步做出了杰出的贡献。现在，中国在与各国的经济合作中，并不要求各国无条件地让出专利权，只要价格合理，我们一个钱也不少给。"这场不卑不亢的精彩演讲，赢得了与会者的赞赏，更赢得了那个国外财团在谈判中的妥协与让步，致使双方的合作得以实现。

现代社会中，**口才已成为决定一个人生活及事业优劣成败的一个重要因素**。由一个人每天所说的话，可以判定他每天的工作生活情况；一个人每天的喜怒哀乐，往往由其言语来决定。口才好，说话流利会使人托付重任。有了才干，即使没有口才，虽也可以达到成功的目的，但有才干兼有口才的人，他的成功希望更大。

我国首次载人航天飞行成功之后，第一个进入太空的宇航员杨利伟便成了家喻户晓的新闻人物。航天部门领导说，之所以选杨利伟主要有三方面原因：其中之一是他的心理素质好，口头表达能力强，说话有条理、有分寸。杨利伟认为航天无小事，所以不管做什么事情，都尽最大努力做好，就连训练后的总结会、训练小结也是如此。在总结会上，杨利伟准备充分、积极发言，发言条理清晰，逻辑性强，态度从容。在最终确定三人为首飞候选人之时，三人各方面都十分优秀，难分高下，只是考虑到作为我国第一位进入太空的宇航员要面对全世界的瞩目、接受新闻媒体的采访、进行巡回演讲时，才最后定下让口才好的杨利伟首飞。

## 林肯将雄辩作为制胜的武器

他是举世公认的演讲家、雄辩家。有人这样评价他的口才："作为一个严密的观察家和无法反驳的说理者，少有人能与他并驾齐驱，他从不攻击旁人的人格和动机，而是采取说理斗争。"林肯的口才得益于艰苦的锤炼，他曾备了两本拜伦的诗集，一本放在办公室，一本放在家中长期诵读，年长日久，两本书都被翻烂了。

我国古代先贤们早就说过，**"出言陈辞，身之得失，国之安危也"**；**"一言可以兴邦，一言可以误国"**；**"一言之辩，重于九鼎之宝；三寸之舌，强于百万之师"**。几千年前，古埃及一位年迈的法老告诫即将继承王位的儿子麦雷卡说："**当一个雄辩的演说家，你才能成为一个坚强的人……舌头是一把利剑，口才比打仗更有威力**。"18 世纪，法国资产阶级政治家、军事家拿破仑则

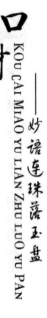
认为："一支笔，一条舌，能抵三千毛瑟枪。"

## 好口才是人生坦途的铺路石

人的嘴巴有两个功能：一是吃饭，二是讲话。但要想吃好饭，先要讲好话！英国首相丘吉尔曾说："一个人可以面对多少人，就代表这个人的人生成就有多大。"好口才对人的前程究竟有多大影响呢？让我们先看完下面的例子后再来定夺吧！

古代有一个国王，一天晚上做了个梦，满嘴的牙都掉了。第二天，他就找了两位解梦的人。这两人来后，国王就说："我昨晚梦见满口牙全掉了，到底是怎么一说？"第一个解梦的人就说："皇上，在你所有的亲属都死去以后，你才能死，一个都不剩。"这皇上一听，心里非常不高兴。第二个解梦人这样说："至高无上的皇上，您将是您所有亲属当中最长寿的一位呀！"大家看一看，同样的内容，同样的事情，两个人就有两种不同的说法。第一个把皇帝说生气了，皇帝龙颜大怒，杖他一百棍；然后，拿出一百个金币，奖给第二位解梦的人。

同样的事情，同样的内容，为什么一个挨打，一个受奖？这难道不是因为口才吗？

心灵悄悄话

现代社会注重口才，谈恋爱、做生意，凡是需要与人打交道的地方，口才都起着举足轻重的作用。如果会说话，就能够博得对方的好感；假如善于说服人，就足以证明自己的能力；如果会说话，就会比别人多一些成功的机会。

# 好口才,是一种征服人心的艺术

## 会说话能救己救人

纪昀,又叫纪晓岚,曾任《四库全书》馆的总纂官。他的口才很厉害,被形容为"铁齿铜牙"！天下人都知道他学识渊博,能言善辩,机智敏捷。乾隆皇帝当然也不例外。

有一天,乾隆皇帝想找一个办法来考验考验他的机智。于是,他把纪晓岚找来,对纪晓岚说:"纪晓岚!""臣在!""我问你:何为忠孝呀?"

纪晓岚说:"君叫臣死,臣不得不死,为忠;父叫子亡,子不得不亡,为孝。合起来,就叫忠孝。"纪晓岚刚回答完,乾隆皇帝便接过话来:"好！朕赐你一死。"

纪晓岚当时就愣住了:怎么突然赐我一死呢？但是皇帝金口一开,绝无戏言。纪晓岚只好谢主隆恩,三拜九叩,然后转身走了。

这时,乾隆心想:"这下纪晓岚可怎么办呢？不死,回来,就是欺君之罪;可要是死了就真的是太可惜了,自己便少了一个栋梁之材呀。"当然,乾隆知道纪晓岚不会让自己轻易死掉的,必定会有什么办法解救自己。于是他静观其变。

半炷香的工夫,纪晓岚气喘吁吁地跑回来了,"扑通"地跪在乾隆皇帝的面前。乾隆装作很严肃的样子说:"大胆,纪晓岚！朕不是赐你一死了

吗？为什么你又跑回来啦？"

纪晓岚说："皇上，臣去死了，我准备跳河自杀，可是正要跳河时，屈原突然从河里出来了，他怒气冲冲地对我说，你小子真浑，当年我投汨罗江自杀，是因为楚怀王昏庸无道；而当今皇上皇恩浩荡，贤明豁达，你怎么能死呢？我一听，觉得言之有理，就回来了。"

听到这里，乾隆哑口无言：因为你让他去死吧，你就是昏庸无道；可是让他活着吧，自己皇帝的面子又下不了台。最后，乾隆不得不自我解嘲地说："好一个纪晓岚，你是真能言善辩啊！"

纪晓岚凭借自己的能言善辩，挽救了自己的性命。要是换了另外一个人又会怎么办呢？

秦朝末年，项羽和刘邦为了争夺天下，进行了长时间的争斗、厮杀，但胜负难分。就这样，双方陷入了僵持的状态。由于长时间的争战，士兵们苦不堪言，百姓扶老携幼远离家园逃避战祸。

有一次，项羽率兵攻打外黄，这是一个战略重镇。据守外黄的宋军防守得十分顽强，打了好些时候总是攻不下来。项羽为此寝食难安，很是发愁，正在设想自己是不是要亲自率军去支援。忽然，探子飞马前来报告："大王，不好了，外黄的宋军向彭越投降了。"

项羽听后，拍案而起，大声呵斥道："彭越有什么才能，竟然在这个时候趁火打劫，想不费吹灰之力就坐收渔翁之利。我要让他知道我的厉害，传令全军，随我去踏平外黄，活捉彭越！"

项羽怀着满腔的怒气率军向外黄火速进发，那彭越也是个懂得战略战术的军事家，他知道以自己现在的兵力难以同项羽抗衡，为了避免与其正面交锋，他率军暂时撤出外黄。

于是，项羽很快进驻外黄。

可他余怒未息，把所有怨恨都发泄到外黄的百姓身上，于是下了一道令人震惊的命令：凡是外黄城里15岁以上的男丁，全部集中到城东活埋。

命令一出，外黄城里到处传出一片凄凉号哭的声音。有一些人想尽一切办法,辗转相托,请求项羽取消这个命令,可是依然不起作用。

这时,外黄县令的门客有个 13 岁的孩子,自告奋勇地叫道:"这件事就交给我吧,我有办法说服楚王!"

门客急忙把儿子一把拉住道:"这怎么行呢,你去了是没用的!"

儿子劝慰父亲道:"你尽管放心,我这次去一定会成功的,绝无灾祸!"

父亲劝不住儿子,只得放开了双手。

孩子跑到项羽所在的房子前,神秘地对哨兵说:"赶快通知大王,我有要事相报。"

哨兵进去通报,项羽马上传令召见他。

孩子见了项羽,朗声说道:"彭越这家伙想来侵吞我们的财产,全城军民怕他毁坏城池,所以为了安全起见,我们暂时向他投降。其实,我们早就盼望着大王您来接收啊。现在您来了却要活埋我们,请问,外黄往东的老百姓知道了这件事,怎么还肯乖乖地归顺于您呢?"

项羽听了连连点头,便立即取消了那条残酷的命令。

后来,从外黄往东到睢阳广大地区的老百姓,都称赞项羽的英明抉择,纷纷投奔于他。


## 会说话能战雄师、赢天下

春秋战国时期,有一个"烛之武退秦师"的典故,典故讲的是秦晋两国准备联合攻打郑国,使得郑国的文臣武将束手无策、一筹莫展:武将不敢出征,文将没有计谋。

此时,郑王不得不请烛之武老将亲自出马,去秦国一趟。烛之武受命于国家危难之际,到了秦军那里,找到了秦军的统帅。他对秦军统帅动之以情,晓之以理,情真意切,痛陈唇亡齿寒的利和弊。

最后,烛之武终于说服了秦国统帅,秦国不仅立刻撤军不再攻打郑国,而且留下了两员大将,协助保卫郑国的安全。晋国一看秦军无心攻打郑国,只得无可奈何,撤军罢战。

烛之武不费一兵一卒,就把强大的秦军说退了。这是什么样的威力呢?当然是会说话的威力!

魏太武帝拓跋焘派兵南征,听说魏钊的才华闻名于世,马上派人召来相见。二人共同商讨国家大事。拓跋焘对魏钊说:"我此时南征,正是你建立功业的好时机,只要努力,将来定会飞黄腾达。"

北魏大军进入淮南的时候,魏钊向拓跋焘建议说:"陛下拥有神兵百万,势不可当,即使那些智慧超群的人在您的天威面前也只有悲伤叹息。然而大军来到淮南已经有好多天了,义阳各城仍坚守不出,这其中必有原因。

"我想陛下的神兵每过一城杀掠太多,人们对陛下产生了一种畏惧感。他们明知城池难以保全,但又怕妻子儿女遭到杀害。因此,大军一到就犹豫难决,不会立即投降。

"臣以为,应派一个人深入城内,寻找城中那些有威望的人,向他们传达陛下的旨意,表明诚意,那么城中男女老少一定会消除疑虑,开门归降,那我们就可以不费一兵一卒,而把城池拿下。"拓跋焘听了魏钊的建议后,高兴地说:"你出的主意,正是我所期待的。"

魏钊令人趁夜溜进城中,找到城中一些有名望的人,向他们说清双方力量悬殊形势,宣扬北魏皇帝的宽厚、仁德和军队的强大精锐,劝说城中百姓为免遭生灵涂炭应马上归降。这样以恩威并施的手段,终于劝服城内兵民下决心投降。

第二天,天刚亮,全城开门投降。一夜之间义阳城就被北魏军队攻占了。

后来,拓跋焘对魏钊说:"你的一句话,胜过我的十万大军,能把我的信义传扬四方,你的功劳实在是太大了。"因此,拓跋焘任魏钊为义阳太守、陵江将军。

又如三国时代的"诸葛亮舌战群儒"。诸葛亮凭借自己能言善辩的口才,在出使东吴时,建立了联吴抗曹的统一战线,最后致使号称"八十万大军"的曹兵,几乎全部葬身于滔滔的长江之中。这是什么样的威力? 还是会说话的威力! 假如刘备不让诸葛亮去,而是选择其他的人去,其结果可想而知。

心灵悄悄话

纪晓岚凭借自己的能言善辩,挽救了自己一条命;门客的儿子凭借能言善辩,挽救了全城的老百姓。看来,会说话的价值的确不可低估呀! 刘勰在《文心雕龙》一书中写道:"一人之辩,重于九鼎之宝;三寸之舌,强于百万之师。"可见会说话的力量。成功需要很多的才能,其中,语言的才能是万万不可或缺的。

# 第二篇

## 口中吐"金"须固基

口才反映了一个人的道德修养、学识水平、思辨能力。口才并不是一种天赋的才能,它是靠刻苦训练得来的。古今中外历史上一切口若悬河、能言善辩的演讲家、雄辩家,他们无一不是靠刻苦训练而获得成功的。

有人说:在这个世界上,我们唯一可以依靠的人就是我们自己,而好的口才,也是于平时我们自己的积累和锻炼。所谓"厚积薄发"是有一定道理的,因为言语是以生活为内容的,有生活,有实践经验,才有谈话的内容;有丰富的生活内容,有丰富的实践经验,谈话的内容才能丰富起来。

# 好口才靠磨炼

## 口才的类型

所谓口才,是指说话的才能,即人们用口语表情达意、传递信息的能力,是以口头语言为外壳,以表达者对客观事物以及社会生活的能动反映为内容的思维表达过程,也是人们德、才、学、识的综合体现。

根据不同的标准,口才可以划分为多种类型。按口语表述的不同目的和性质,可分为交谈、论辩、演讲;按口语表述的不同职业功能,可分为宣传教育口才、知识传授口才、研讨工作口才、外交对话口才、司法口才、公关口才、文艺表演口才、日常交际口才等;按口语表述的语气和语言手段来分,还可以分为叙述口才、议论口才、抒情口才等。

当然,口才并不是毫无意义的谈话方式,它必须达到信息沟通的基本目的,具体来说包括如下两个方面:

**一、语言信息沟通**

以语言作为载体的信息交流活动。具有以下 3 个特点:

1. 分离性:指沟通的过程是由各个可以分离的部分组成(如句子、短语、单词)。

2. 单一性:指信息传递的方式只经过一个通道,只能逐字逐句进行。

3. 自觉性:语言信息的操纵一般总是自觉的,难免会带来虚假的成分。人们常有意识地按照某种意愿去传递语言信息。

### 二、非语言信息沟通

以表情、手势、眼神、服饰、摆设、环境等为载体的信息交流活动。具有3个特征：

1. 连续性：传递信息的过程是一个完整的不可分割的过程。

2. 多重性：经过多通道进行信息的沟通，可以在同一时间内影响人的视觉、听觉、触觉和味觉。

3. 可靠性：人们在传递非语言信息时，常常处于不自觉状态，因此具有可靠性，能比较真实地反映出说话人的情感。

## 金口才需要培养

有位德国政界要人曾说过，个性和口才的能力比起外语知识更为重要。的确，口才很重要。但你也许会说："我先天不足怕开口，见生人就脸红，没口才。"朋友，这不要紧，路就在脚下。

**口才不会与生俱来，也不会从天而降，就像庄稼需要施肥、道路需要整修，口才也需要培养。**有人曾对丘吉尔的口才进行过各种分析，他的儿子却一语中的："我的父亲他把自己一生中最宝贵的年华都花在写演讲稿和背诵演讲稿上了。"

世界上没有天生的演说家！毫无疑问，丘吉尔被誉为"世纪的演说家"是当之无愧的，但人们可能忘了，他是完全靠自学成才的演说家，他原先讲话结结巴巴，口齿不清，根本就不是当演说家的材料。他本人身高约1.65米，没有堂堂的仪表和翩翩的风度，他那难听的叫喊声又不像道格拉斯·麦克阿瑟或是马丁·路德·金那样洪亮。

丘吉尔没有受过大学教育，他曾经在下院最初的一次演讲中，讲了一半便垮下来了。然而，就是这个丘吉尔，成了举世皆知的雄辩的演说家。先天不足后天补，完全是做得到的。

美国前总统肯尼迪曾这样评价丘吉尔："丘吉尔动员了英语语言并将

它投入战斗。"丘吉尔的成功，除了勤奋、坚持不懈地努力外，别无他法。

鲁迅先生说："世上本没有路，走的人多了，也就自然出现了路。"在实践中磨炼口才，以坚强的意志作为通向成功的基石，用汗水浇灌成功的花朵，勤奋的苦练加上技巧，一定会成功。

爱迪生说过："天才是百分之一的灵感和百分之九十九的汗水结晶。"先天的天赋固然重要，但后天刻苦的锻炼更为关键。

这些力量我们每个人都有，只是没有得到充分发挥，而对这些力量置若罔闻，实在是太可惜了！

## 磨炼出"金"法

若想拥有好的口才，首先要全面地认识口才。其实，我们应该对口才进行一个全新的定义。以前，我们说口才，都仅仅是将口才作为一个词来理解，流于表面、肤浅。

**健全的口才，应该由"口"与"才"两大部分组成。"口"主要是口头表达的能力，而"才"则是可供"口"表达的知识、才学。**

口才，"口"和"才"是缺一不可的，有口无才，便是山中竹笋，嘴尖皮厚腹中空；有才无口，则为茶壶煮饺子，满腹经纶也倒不出来。我们说自己口才不好，要首先明白自己所缺的到底是什么，要了解口才不好的各种症状，还可以先选择一个好口才作为一个参照，之后再进一步地将好的口才做一个细分，再进行逐项分析研究。

通常情况下，我们说一个人口才好，会夸奖他：声音洪亮、字正腔圆、言语得体、风趣幽默、有智慧、博学多才，而这6种夸奖，事实上就是好的口才所应具备的6项素质。前3项说的便是"口"的因素，后3项涉及的则为"才"的问题。这其中任何一项或是几项的缺失，都会对您的口才产生极大的影响。以下是针对声音洪亮与字正腔圆做的一些练习：

### 1.声音洪亮——好口才的首要素质:响度

若要想别人赞美你的言谈,首先就要别人能够听得到你说的是什么,让别人能够明白你的意思,成功的演说家更要求不拿话筒都能让最后一排的听众都能清楚他在说什么。而在现实生活中,总是有很多人天生腼腆,说起话来如同蚊蚋,哪怕是面对面的交谈你都难以很好地理解他在说什么,而这就造成了这些人的口才输在了起跑线上。

现在通用的练习方法是大声地喊叫,不过还是让人感到有点不妥,因为平时说话毕竟不是喊叫,有成就也可能仅仅是你的声音被喊大了,我们不能想象一个演说者为了让远处的人听见自己的演说时采取的是声嘶力竭的狂呼方式。因此,我们完全可采取抗拒训练法,而且研究也表明,人说话是以自己是否听得清楚为调整声音的标准,因此我们可用干扰自己的听觉的手段强迫自己于不知不觉中提高音量,方法如下:

(1)可戴上耳机,放着自己喜欢听的音乐,然后再跟别人说话,或者自己进行朗读,此时的声音至少是平时的1.5倍以上,若长时间坚持下来,你就会发现自己声音的响度在不知不觉间就得到了极大的提高。

(2)食堂、公交车、火车站等嘈杂的地方也是训练的场所,你可带着好友去那些地方进行聊天,因为你的声音一定要抵抗过附近较强的干扰才能被好友所接受,长久坚持下来,那么自己的发声肌肉也会得到很好的训练。

(3)若你的声音不是太小,而是太大了,你可选择到图书馆等安静的地方谈话、朗读,按照常理来进行,这些地方能使自己说话的高声音得到一些控制。

### 2.字正腔圆——好口才的次要素质:清晰

如果自己的声音非常洪亮,可是说话时像唱周杰伦的歌一样含混不清,那么要想别人为自己的言语喝彩也是不可能的。我们说话要像播音员一样字字都咬准,但也必须每个音节都清晰可辨。

据观察,说话不清晰有两种:一种是说话太快,一种是说话连字。但无论表征如何,其本质是一样的:当问话不清楚的人他们是否知道自己在说什么时,得到的回答却总是非常肯定,但当自己将他们说话录下来放给他们听的时候,他们都难以相信是自己说的。

实际上是,我们说话都是在传递信息,而你要传递的信息自己当然非常了解,于是你认为别人其实也像你一样了解了,而完全没有注意传递的信息会失真,换句话来说,你是以说话者的角度来认定听者所接收到的信息。所以,才会毫无顾忌地使用含混不清的传递方式,时间久了也就成了习惯。

若想改掉这种坏毛病,首先就要换个角度来看问题,专家建议采用角色互换法:

(1)买一个录音机,每天有意地将自己所说的话录下来,然后放给自己听,等下次说话时,再刻意地留心自己含混不清的地方,并进行纠正。这是我们学习外语时常用的办法,其效果明显有佳,那为何不在学说普通话上试一下呢?

(2)若以上办法不大适用,可考虑一下磨炼出"金"法,它源自古希腊一位含石苦练演讲的口吃演说家。当然我们不需要那么悲壮,并且含着石子确实也不符合卫生要求。你只需要含着一颗糖,然后拿着一本书一个字一个字地进行朗诵练习。若你的普通话不大标准,那么3~5岁小孩使用的带拼音的书籍应是很好的选择,当然,为了提高练习的进度,最好录下来回放。

心灵悄悄话

> 哈佛大学的著名教授威廉·詹姆士说过:"我们只是半醒着。我们仅仅在使用我们体力和智力的一小部分。说得明白一点,人类就是一直这样画地为牢,生活在自己的圈子里。人具有各种力量,但注注未加发挥。"

# 知识是口才的基础

有一位学者说过这样的话："**如果你能和任何人持续谈上一分钟而使对方发生兴趣，你便是最佳的交际人物。**"

这句话看来简单，其实并非容易，因为"任何人"这范围是很广的，也许是工程师，也许是个律师，或是教师，或是艺术家。总之，不管是三教九流，还是各种阶层人物，你都能和他谈上一分钟且使他对你的话感兴趣，那真是不容易。

姑且不论困难或容易，我们总要克服这个难关。常见许多人因对对方的职业毫无了解而找不到话题，这是很痛苦的。其实如果肯下点功夫，这种"无言以对"的情形就可以减少，即便成为一个优秀的交际人物也非难事。

"**工欲善其事，必先利其器。**"虽是一句老语，但至今仍然适用。所以，首先必须充实你自己的知识。

一个胸无点墨的人，当然不能应对如流。学问是一个利器，有了这个宝贝，一切皆可迎刃而解。你虽不能对各种专门学问皆有精湛的研究，但是所谓"常识"却是必须具备的，倘若再加以巧妙运用，那么要应付任何一个人做出一分钟使他有兴趣的谈话都是不难的。

"与世界一同呼吸"，阅读每天的报纸，每月所出的各种著名杂志，这是充实你自己的最佳方法。这只是最低限度的准备工作，如果你想在谈话中赢得别人的赞赏的话。此外，还应该多听演讲、多读书等。

倘若以提升自己的口才能力为目的而去阅报、听演讲和读书，还得需要一定的技巧。

在你看报纸的时候，要各拿一支红、蓝色圆珠笔，把每天最有兴趣的新闻,或是所见的好文章勾起来。要是能剪下来,就更好。每天只要两条,两个星期之后,你便能记住不少有趣的事情了。

在你看杂志或书籍的时候,每天只要能够记住其中的一两句你认为很有意义的话,用红、蓝色圆珠笔在那句话旁边划上线,或者能抄在日记本上或是笔记本里那就更好。

每天只要一两句,又省事,又容易记。可是不要看不起这一两句,如果你每天不停地记下去,两三个月后,你就会发觉自己的知识比以前丰富得多了。谈话时用自己的话把这些知识加以发挥。这些有意义的话,随时随地都会跳出来,帮助你,解救你的谈话窘境。

在听演讲时,或在听别人谈话时,随时都可以听见展现人类智慧的名言或是谚语。把这些佳句记在心中,抄在纸上,久而久之,你谈话的题材和内容就越来越丰富有趣了,你的口才自然就越来越精进了。再过不久,你简直可以"出口成章",随便说什么都可以条理清晰、生动活泼了。

例如在杂志上的某一篇论文里看见这么几段话:

"我们现代人应当成为这个样子的人——要看得远,要让眼界开阔。别始终停留在原地,只看见同样的一些街道和人物,同样的一些墙和屋顶,同样的一个地平线。我们必须把生活圈扩大,利用我们的眼睛和耳朵、手和脚,使我们成为广大地球村的一员。"

"现代人应当学会拿自己的损失和许多人的损失作比较,拿自己的缺乏和所有人的缺乏作比较。"

像这样的文字,都是值得你记下来的,如果你能了解它的意义,被它所感动的话。之后,当你检讨你自己的行为时,或是规劝朋友不要整天斤斤计较时,或是批评一个不识大体的人只会破坏大局时,这几段话便会跳出来帮你的忙,使你的谈话增强说服人、感动人的力量。

这种例子是举之不尽的。为了激发你练习口才的动机与兴趣,现在再举几个可以经常使用的话:"无论何时都不要拒绝工作中琐碎的事情,因为伟大的事业是由琐碎的细节构成的。""爱一个人,最要紧的是爱他未来的模样。""人一定要顾及社会，因为保护他的是整个人群。""无论对哪一个人，如果他只肯给我束缚的爱和友情，那我就两样都不要。""不灭的只有事业！生命是要在活动中才能壮大的。""对于学习，永远不会太早；对于改过，永远不会太迟。""聪明人从傻瓜那里所学的，比傻瓜从聪明人那里所学到的多。"这里说"使用"这些话，而不说"引用"这些话，因为这些话到底是从书本上抄下来的，多多少少总带着一些书本气。说的时候，根据它的字面意思，加以发挥，可以把它表述得更明白、更顺口一点。

不妨看一个怎样利用的例子吧！

十几年来，玛丽曾经遇见许多这样的事情：朋友们恋爱了，男朋友总是希望他的女朋友停止学业，或是把工作辞掉，立刻跟他结婚。有的女孩子大学读了三年，只差一年就毕业了，可是男方不能等。

有的女孩子有份收入和发展都不错的职业，而且在她工作的领域里担任极重要的角色，可是男方并不看重女方这种社会地位和工作的机会，总希望他的女朋友整天待在家里，无所事事地做他将来的妻子。在这种场合，假使有机会的话，玛丽总是劝男方改变一下他的想法。她会说："你真爱她吗？那么为什么不为她的未来打算一下呢？"并且说："你如果爱她，那么为什么非要牺牲她辛辛苦苦了多少年所努力得来的学业或是社会的地位呢？"她也这样警告过那些陷入情网的女孩子，她说："无论你的男朋友说他怎样爱你，都是假的。除非他的一举一动都是为你的未来着想。单是为你着想，还是不够的，一定要为你的未来着想才是真正的爱。"

有些男性朋友听了这些话之后，的确能够多多少少改变她们或他们的想法，把眼光看得远一点，不被一时的欲望、冲动，或是目前的利益所迷惑、所限制。而这些话，都是运用了上面提到的"爱一个人，最要紧的是爱他未来的模样"这句话。

**你把一句话体会得越深，就能把它应用得越广，它就会变成各式各样的形式，出现在你的言语和行为里。**

怎样利用上面所引用的名言，这里只举一个例子，其他的要等你自己去试。

你不能对每一种人都谈同样一件事情。一个研究科学的，不会对生意经有兴趣，同样一个生意人，对他谈哲学的大道理，他不一定有兴趣。这里有一个小笑话：某先生以口才见长，有人便向他求教谈话诀窍，他说："很简单，看他是什么人，就跟他说什么话。例如和屠夫就谈猪肉，和厨师就谈面包。"那位求教的人问道："如果屠夫和厨师都在座，你谈些什么呢？"他说："我谈三明治。"由上面的故事可知，为要应付社会上形形色色的人们，就得具备多方面的知识。所以就需要多读、多学。如果你能够做到这一点，那么应付各式各样的人物自然就能胜任愉快。

虽非样样专长，但技巧运用全在你自己。你不懂法律吗？但遇到了律师，你不妨和他谈最近发生的某件案子，由你提供案情（这是你从报章上读到的），其余的法律问题，让他说好了。

东京有一家美容院，生意兴隆为当地之冠，有人前去询问老板生意秘诀，老板坦诚地说："完全由于所聘请的美容师在工作时善于和顾客攀谈之故。"但又怎样能使美容师们个个都善于说话呢？

"简单得很"，店主人说，"每个月我会把各种报纸杂志都买回来，规定每个职员在每天早上开始工作前一定要先阅读，当作日常功课一样，那么他们自会获得目前社会最新鲜的聊天话题，博得顾客的欢心了。"

这不过是千百个例子中的一个。知识是做事之根本，你要使自己的谈吐能赢得任何人的喜爱，更要多阅读书报杂志，让这天地间的知识贮存在你的头脑中，到要运用的时候，经过你的头脑选择整理，便能与人对答如流了。

心灵悄悄话

日本前首相田中角荣，少年时曾患有口吃病，但他不被困难所吓倒。为了克服口吃，练就口才，他常常朗诵、慢读课文，为了准确发音，他对着镜子纠正嘴和舌根的动作，严肃认真，一丝不苟。

# 打造你的金口才

## 好口才，靠训练

**口才和其他的才能一样，需要日积月累，不能一步登天。没有人天生就口才流利，能言善辩，即使是令人钦佩的名嘴或语言大师，也不是在任何场合都能赢得满堂彩。他们也是在一次又一次的实践中总结失败的经验，逐渐掌握语言技巧，不断提升自己的说话能力。**

被西欧称为"历史性的雄辩家"的狄里斯是这样练习口才的。

据说，他天生声音低沉、呼吸短促、口齿不清，旁人经常听不清他在说什么。当时，狄里斯的祖国政治纠纷严重，因此，能言善辩的人便格外引人注意，备受重视。尽管狄里斯知识渊博，思想深邃，十分擅长分析事理，能预见时代潮流和历史发展趋势，但是他认为自己缺乏说话技巧，容易被时代淘汰。

于是，他作了一番周密、细致的思考，准备好了精彩的演讲内容，第一次走上了演讲台。

不幸的是，他遭到了惨重的失败，原因就在于他声音低沉、言语不清，以致听众无法听清楚他所言何事。但是，狄里斯并不灰心，他反而比过去更努力地训练自己的说话能力。

他每天跑到海边，对着浪花拍击的岩石放声呐喊；回到家中，又对着镜子观察自己说话的口型，做发声练习，坚持不懈。狄里斯如此努力了好几年，终于功夫不负有心人，当他再度上台演讲时，博得了众人的喝彩与热烈的掌声，并一举成名。

古希腊著名演说家德摩斯梯尼的口才是这样练成的。

当时在古希腊，谁能登台演讲谁就是领袖，那是非常了不起的一件事！德摩斯梯尼第一次登台演讲的时候，他希望得到的是掌声而不是笑声。结果，没有笑声，却有了掌声——背掌！他被轰下了讲台。他讲得实在是太差了，经常讲着讲着就耸肩。

一个演讲者，耸肩这个姿势多难看！再讲一讲，他的气就不够用了，总是长出一口气。大家想一想，这个形象是不是很难看呢？就这样，听众把他轰下台去了。

但是，德摩斯梯尼并不气馁，他回到家以后，给自己剃了个奇怪的头型，表示再也不出去了。他还把所有的书籍都找出来，拼命地读书，并采用了以下几种方法来克服自己讲话时的毛病。

（1）为了克服自己耸肩，他在棚上吊了两把宝剑，剑尖正好对着自己肩膀的两侧，如果一耸肩就会扎到他。经过这样长期的练习，耸肩的毛病克服了。

（2）说话不清楚，怎么练？他找来一块小鹅卵石含在嘴里。就这样经过艰苦的努力和训练，最后就算他嘴里含着鹅卵石说话都非常清楚。

（3）气不够用，怎么办？他边朗诵诗歌，边往山上跑。

终于，这3个毛病都被克服了。他的内功有了，即丰富的学识和思想；他的外功也有了，就这样口才练成了。此后每次登台演讲，人们的掌声就会如暴风雨般地响起来。

美国名人山姆·李先生是在日常生活中不断练习口才的。

山姆·李先生不但是广播、电视明星，还是在美国各地都很有影响力的口才大师。他在纽约任中学教员时，喜欢与亲人、同事和学生就工作和生活中的一些事情发表意见，作简短的谈话。没想到这些谈话引起了听众热烈的反响。不久，他被受邀为许多团体演说，后来还成了许多广播节目里的特约嘉宾。之后,山姆·李先生便改行向娱乐界发展,且成就非凡。

由此可见,好口才是通过持之以恒的努力练出来的。"一勤天下无难事",这些名人与伟人正是通过反复琢磨和练习才练就了过硬的口才。对于青少年来说,不应该放过任何一次当众练习讲话的机会,只有刻苦勤奋、坚持不懈地努力练习,才会获得令人惊奇和瞩目的成绩。

## 基本功,要磨炼

练习是成为口才高手的必要手段,那些能克服忧虑、身经百战,无论何时讲话都充满自信的人,全都是磨炼出来的。那么,我们该如何磨炼自己的口才呢?磨炼口才需要掌握一定的方法,科学的方法可以使你事半功倍,加速口才的形成。

**速读法。**

这里的"读"指的是朗读,即用嘴去读,而不是用眼去看。顾名思义,速读也就是快速的朗读。这种训练方法的目的是锻炼人口齿伶俐,发音准确,吐字清晰。

练习方法及要求:先找来一篇课文或文辞优美的散文,查清文章中不认识或不懂的字词,然后开始朗读。最初朗读时速度要放慢,然后逐次加快,最后达到你所能达到的最快速度。读的过程中,不要有停顿,发音要准确,吐字要清晰,尽量做到发声完整。

**背诵法。**

这里的背诵并不仅仅指简单地将文章背下来,而是针对"背"和"诵"分别进行要求。背诵法训练有两个目的:一是培养记忆能力,二是培养口头表达能力。

没有好的记忆力,很难磨炼出良好的口才。只有积累了充分的知识,你才可能张口即出,滔滔不绝。如果你的大脑中是一片空白,那么你再伶牙俐齿也无济于事。

练习方法及要求：背诵法不同于速读法的"快"，它的着眼点在"准"上，也就是你所背诵的文章一定要准确，不能有遗漏或错误的地方，而且在吐字发音上一定要准确无误，还要推敲每一个词句，从中感受作者的思想感情，并激发自己的情感。

**练声法。**

所谓练声法，也就是练习声音，练嗓子。在生活中，我们都喜欢听饱满圆润、悦耳动听的声音，而不愿听那些干瘪无力、沙哑干涩的声音。所以，锻炼出一副好嗓子，练就一腔悦耳动听的声音是口才提升必备的功课。

练习方法及要求：

第一步，练气。俗话说，练声先练气，气息是人体发声的动力，就像汽车上的发动机一样，它是发声的基础。

吸气：吸气要深，小腹收缩，整个胸部要撑开，尽量把更多的气吸进去。我们可以体会一下闻到一股香味时的吸气法。注意，吸气时不要提肩。

呼气：呼气时，要慢慢地进行，让气慢慢地呼出。因为人们在交流、演讲、朗诵、辩论过程中有时需要较长的气息，那么只有呼气慢而长，才能达到这个目的。呼气时，可以把两齿基本合上，留一条小缝让气息慢慢地通过。

建议青少年每天到室外或公园去做这种练习，天长日久定会见效。

第二步，练声。我们都知道，人类语言的声源是在声带上，也就是说声音是通过气流振动声带而发出来的。在练发声以前，应先做一些准备工作，首先要放松声带，用一些轻缓的气流振动它，让声带有点准备，发出一些轻慢的声音，千万不要张口就大喊大叫，那只能对声带起破坏作用。声带活动开了，我们还要在口腔上做一些准备活动：

（1）进行张、闭口的练习，活动嚼肌，也就是面皮，这样等到练声时嚼肌运动起来就轻松自如了。

（2）挺软腭。这个方法可以用学鸭子叫"嘎嘎"声来体会。人体还有一个重要的共鸣器，就是鼻腔。有人在发音时，只会在喉咙上使劲，根本就没有用上胸腔、鼻腔这两个共鸣器，所以声音单薄，音色较差。

这里要注意一点：千万不要早晨刚睡醒时就到室外去练声，那样会使声带受到损害。特别是室外与室内温差较大时,更不要张口就喊,那样冷空气进入口腔后会刺激声带。

第三步,练习吐字。吐字看似离发声远了些,其实二者是息息相关的,只有发音准确无误,清晰圆润,吐字才能字正腔圆。

吐字发声时,一定要咬住字头,有一句话叫"咬字千斤重,听者自动容"说的就是这个意思;字符的发音一定要饱满充实,口形要正确;字尾的归音一定要到位,不能念半截字,要把音发完整。青少年可以先从绕口令开始练习,以训练口齿的灵活度与语音的准确度。

**复述法。**

简单地说,复述法就是把别人说过的话再叙述一遍。这种训练方法的目的在于锻炼人的记忆力、反应力和语言的连贯性。

练习方法及要求:采用这种方法时,最好选择句子较短、内容活泼的材料进行练习,这样便于把握记忆复述。随着训练的深入,可以逐渐地选一些句子较长、情节少的材料进行练习,这样由易到难,循序渐进,效果更好。

**模仿法。**

模仿别人说话其实也是一个学习的过程,有利于语言表达能力的提高。

练习方法及要求:可以在生活中找一位口语表达能力强的人,请他讲几段精彩的话并录下来,然后进行模仿。或者,模仿广播、电视里播音员的声音,要注意他们的声音语调、神态动作,可以边听边模仿,边看边模仿,天长日久,不但能提高口语能力,还能增长文学知识。

**讲故事法。**

常言说:"看花容易,绣花难。"讲故事听起来很容易,但要想讲得绘声绘色,引人入胜则不是一件容易的事。讲故事可以训练人的多种口语表达能力,因为故事里既有独白,又有人物对话,还有描述性和叙述性的语言,是口语表达能力的综合体现。

练习方法及要求:首先,要先研究故事中人物的性格特征,以及人物之间的关系。例如,我们要讲白雪公主这个童话故事,就要先分析其中的几个人物(包括皇帝、皇后、白雪公主、七个小矮人、王子等)以及他们各自的性格,然后把皇后的阴险狡诈、白雪公主的美丽、七个小矮人的善良等声情并茂地表现出来,这样讲故事才完整,才能达到锻炼口才的目的。

训练口才的方法有很多,并不仅限于以上几种。口才基本功的练习是艰苦而乏味的,青少年要发扬不怕苦、不怕累的精神,静心苦练,只有这样口语能力才能逐步提高。

心灵悄悄话

美国前总统林肯为了练口才,徒步30英里,到一个法院去听律师们的辩护词,看他们如何论辩,如何做手势,他一边倾听,一边模仿。他听到那些云游八方的福音传教士挥舞手臂、声震长空的布道,回来后也学他们的样子。他曾对着树、树桩、成行的玉米练口才。

# 优化你的口头禅

口头禅也称口头语，是指人们在说话过程中经常不自觉吐出来的词句。例如，有人讲起话来满口"你知道吗""我告诉你说""你明白吗"等，给人一种自以为是、盛气凌人、居高临下、轻视、蔑视对方的感觉；或者说"这个""那个""是不是"等，把语句肢解得支离破碎，使沟通很不顺畅，令人不胜其烦。

有一个高中生很喜欢踢足球，他有一句口头禅，就是："无敌了！"不管踢得好还是不好，都会蹦出这一句。有一次，他跟随校足球队去参加全国青少年足球联赛，他整场表现得非常兴奋，每次给队友传球，他都会大叫，"这球传的，无敌了！"即使没有传好，他也会这样说。最夸张的是，当对方攻破他们的球门时，他居然说："这球射得，无敌了！"他的队友听了很生气，下场后，教练也因此责备了他。

还有一个大学生，他在与别人讲话时经常会说："我告诉你说……"跟他对话的人都因此觉得他很傲慢，从而不愿与他沟通，也不愿与他交朋友。大学毕业后，他到处找工作，可处处碰壁，大半年过去了，没有一家单位愿意聘用他。原来，在他面试时，当面试官问他你的专业是什么、有什么特长时，他就会说："我告诉你说，我是学……"大家想想看，像这种傲慢的面试者，有哪家单位会聘用呢！

口头禅大多是在无意识中不自觉形成的，有的比较明显，有的则从微妙的细节中体现出来。由于生活、工作与社交的需要，我们经常要与人交谈，所以，要想给人留下彬彬有礼、谦逊干练的美好印象，就必须摒弃不良口头禅。以下两点有助于我们摒弃不良的口头禅。

第一，沉着冷静，讲话要经过深思熟虑。上面讲过，口头禅大多是在无意识中不自觉形成的。脾气急躁的人，讲话往往过急过快，口头禅就容易"溜"出来。所以，有口头禅的人，讲话的速度应适当放慢，要稳一些，有条不紊地与人沟通。

第二，丰富词汇量。青少年应认真学习，多读诗词与文章，不断拓宽知识面，丰富自己的词汇量，这样口头禅自然会被"扫地出门"。

几乎每一个人都有自己的口头禅，就像每一个人都有自己的习惯动作一样。在不知不觉中，它已构成你个人形象的一部分，甚至是重要的一部分。语言的风格是个人文化素养的体现，你拥有某种气质的口头禅，你也就容易被人视为属于某种气质的人。一个满口污言秽语，开口便是国骂、乡骂、神经病等口头禅的人，自然让人觉得粗鲁无教养；而"有请""谢谢""对不起"等口头禅则是文明、有教养的象征。一个经常喜欢在说话时带几句"讲老实话""我实事求是跟你讲"的人在别人心目中会显得诚恳实在；而总是爱讲"真没劲""真无聊"的人，不管你是有意还是无意，你在他人眼中的形象也会显得疲惫沉闷。

有一个男人，他的口头禅非常的特别，是很简单也很有力度的四个字："问题不大。"每当遇上什么麻烦事、困难事，他总是说这句话："问题不大。"一方面表明了他的现实性，问题确实存在；另一方面，却表现出一种无所畏惧的强烈自信心，他总是在俯视这些问题。这是感染力很强的四个字，在大家惶乱不安的时候，这句话犹如一颗定心丸。

有一个女孩，别人总是不爱与她交谈交往，她自己也挺苦恼的，有一种被人摒于圈外的落寞感，于是，她去问她最要好的一个朋友。她的朋友琢磨了许久，最后说，也许是你有几句口头禅，使他人感到不快从而不愿与你交谈的原因。

比如每当别人说起某件新闻时，她总会无意识地说"我不相信"，这一下子就扫了别人的兴，久而久之，别人也就不愿和她多说话了。女孩自己想想，的确是这样，于是她有意识地使自己养成说另外几句口头禅的习惯。

例如把"我不相信"改成"这是真的啊!"这句话,既充满了好奇,又带有一种深深的信赖,对方听到这种天真热情的反应,当然会情不自禁地感到喜悦。慢慢地,果然有很多人都乐意与她交往聊天了。

**因此,为了你的个人形象,请注意优化你的口头禅。**

心灵悄悄话 ✳
✳
✳

仪态——"站如松,坐如钟,行如风,卧如弓"是中国传统礼仪的要求,在当今社会中已被赋予了更丰富的含义。随着对外交注的深入,我们要学会用兼收并蓄的宽容之心去读懂对方的姿态,更要学会通过完善自我的姿态去表达自己想要表达的内容。

# 看什么人，说什么话

在这个世界上，没有两个完全相同的东西。在生活当中，每个人也都是不一样的。所以，人们就存在心理特点、脾气秉性以及语言习惯等方面的不同。也正是由于这个原因，决定了他们对语言信息的要求是不同的。所以，不能用统一的通用的标准语的说话方式来和他们交流。

此时，我们就要"看什么人，说什么话"。

如果对方是办事严谨、诚实、老练的人，而他最喜欢听流利而稳重的话。这时，你说话时就要注意态度谦敬，既不能高谈阔论，也不可婉转如簧。而应忠实见长，朴实无华，直而不曲。这样话语虽简单，但言必中的，给人以老实敦厚的印象。

如果对方是学识渊博的高雅之士，他可能崇尚旁征博引而少芜杂的言辩。你不妨从理论问题谈起，引经据典，纵横交错，使谈话富有哲理色彩。但言辞应表现出含蓄和文雅，显得谦虚而又好学上进。

如果对方性情豪放、粗犷，则他喜欢听耿直、爽快的话。那么你就应忠诚、坦白，知无不言、言无不尽，对美丑、善恶的爱憎要强烈分明。

**总之，与不同的人谈话，就要采用不同的方式。因人而异，才能做到把话说活。**

孔子带着他的几名学生外出讲学、游览，一路上十分辛苦。这一天，孔子一行人来到一个村庄，他们在一片树荫下休息，正准备吃点干粮、喝点水，不料，孔子的马挣脱了缰绳，跑到庄稼地里去，吃了人家的麦苗。一个农夫上前抓住马嚼子，将马扣下了。

子贡是孔子最得意的学生之一，一贯能言善辩。他凭着不凡的口才，自告奋勇地想上前说服那个农夫，争取和解。可是，他说话文绉绉，满口之乎者也，天上地下，讲了一堆大道理。尽管子贡费尽唇舌，可农夫一句也听不进去，因为他根本就听不懂。

有一位跟随孔子不久的新学生，论学识、才干远不如子贡。当他看到子贡与农夫僵持不下时，便对孔子说："老师，请让我去试试看。"

于是，他走到农夫面前，笑着对农夫说："您并不是在遥远的东海种田，我们也不是在遥远的西海耕地，我们彼此靠得很近，相隔不远，我的马怎么可能不吃您的庄稼呢？再说了，说不定哪天您的牛也会吃掉我的庄稼，您说是不是？我们该彼此谅解才是。"

农夫听了这番话，觉得很有道理，责怪的意思也没有了，于是将马还给了孔子。

有些人时常被认为"少根筋"，说话容易得罪人，就是因为他们说话时不看对象。

青少年应注意，任何交际都离不开特定对象，与人交谈，必须根据对象的实际情况，例如年龄、身份、性格、文化修养等来判断哪些该说，哪些不该说。

例如，向老人打听年龄时，不宜问："您几岁？"而应该问："您今年高龄？"或"您今年高寿？"问小孩年龄时，不宜问："你多大年龄了？"而应该问："你今年多大？"总而言之，根据谈话对象的不同，应选择合适的说话方式及内容。下面我们来看看优秀服务员李淑贞是如何讲话的：

知识分子进店，她会说："同志，您要用餐吗？请这边坐。您要不要来个拌鸡丝或熘里脊，清淡利口，好不好？"

工人进店，她会说："师傅，今儿个休班呀，想吃过油肉还是氽丸子？"

乡下老大娘进店，她会说："大娘，您进城来了，您身子骨还真硬朗，就应该隔一段时间进城来转转，改善改善生活，今天您想吃点啥？"

李淑贞在接待客人时，对待知识分子，用词文雅、委婉；对待工人，用词干脆、直接；对待乡下老大娘，用词通俗、朴实。这也告诉我们，年轻人在日常交际中，要用一种变通的方式和陌生人打交道，要因人而异，只有这样才能让双方之间的感情日益加深,使人际关系越来越融洽。

世界上的人形形色色,每个人的个性及爱好都是不同的。我们要想把话说得漂亮,获得好人缘,就要根据不同的沟通对象,组织谈话的内容和表达方式。只有言辞表达适宜的谈话,才有可能引起对方的共鸣,给对方留下一个好印象。

心灵悄悄话

古人说:"知己知波,百战不殆。"说话也是一样,我们在交谈之前,要尽可能地了解对方的兴趣、背景、爱好等,然后针对不同的对象采取不同的交谈技巧。唯有这样,才能使交谈获得最佳的效果。

# 如何才能说好话

## 说话条理清晰，符合逻辑

　　世间万物错综复杂，各种关系盘根错节、层出不穷。如果你想把话说得头头是道、有条有理，那么就必须考虑说话内容的先后顺序，明白先说什么，后说什么，切不可不假思索地脱口而出。一般说来，事情有发生、发展和结束的过程，而其中各个不同的阶段又有时间和空间的差异。说话时，我们可以按照事情发展的先后顺序延续至终，或按空间位置的转换交替逐个说明，如此才能滴水不漏、杂而不乱。

　　春秋时期，秦国和晋国联合包围了郑国的都城，郑国危在旦夕。烛之武受郑文公的委派见了秦穆公，说："秦、晋两国联军围攻郑国都城，郑国人已经知道自己将要灭亡。如果灭掉郑国对您有好处，您劳师动众还值得。但是，隔着晋国的大片疆土来把远方的郑国作为贵国的边疆，您应该知道这是不太好办的。何必帮助灭掉郑国来便宜您的邻邦呢？邻邦的版图扩张就是贵国实力的削弱啊。如果能够保留下郑国，让其作为您东方通道上的接待站，这对您没有害处。再说，那个晋国，哪里会有满足的时候，等它在东方向郑国开拓了疆土，就会再向西方扩张。如果不去损害贵国，它又能向哪里去夺取土地！像这样以损害贵国来养肥晋国的做法，您要多多考虑啊！"秦穆公听后觉得非常有道理，当即表示同意，就跟郑国订了和约。

晋国看到这种情况，也只能撤兵回国了。

烛之武这一番话，使郑国避免了亡国之祸。从这番话里，我们得到了这样一些启示。

**第一，说话要有中心。** 烛之武撇开郑国的存亡不谈，紧紧围绕灭郑对秦国的利弊进行说明，这就突出了问题的关键，使秦穆公透过错综复杂的关系认识到灭郑只能帮助晋国更强、削弱秦国，从而接受了烛之武的观点。

**第二，说话要有条理，先说什么，后说什么，要有一个合理的顺序。** 烛之武这番话，一开头就表明自己是为秦国的利益而来的，这样就消除了对方的戒心。接着从地理位置分析灭郑对秦有害，存郑对秦有益。

**第三，加强说明。** 文中最后，烛之武指出晋国才是秦国的潜在敌人，他提醒秦穆公要考虑清楚因灭郑而强大晋国的国力对自己是否有利。

烛之武这番话条理清晰，有条不紊，使人一听就信服。

语言表达能体现一个人的能力，也能体现一个人的心理素质。青少年要想与他人进行良好的沟通，并达到沟通的目的，就应该沉着冷静，条理清晰地把自己的话语说出来。条理清晰、有条不紊的谈话可给人以稳重之感，增添别人的信任。

## 言辞肴色，引人注意

**古人云：** "言之无文，行而不远。"意思就是说话要讲究辞令，写文章要讲究文采。"这是我的狗"与"这是我的爱犬"描述的是同一个事实，但前者说得比较客观，而后者则带有一定的感情色彩，让人听着温馨、亲切。客观性言辞准确、可靠，但有时难免过于直接、单调，感情性言辞可以弥补这一缺点，给予适当的修饰。

语言修辞有很多种，例如排比、比喻、拟人、引用、设问等。巧妙、灵活地运用这些修辞方法，可以让你的言辞更为生动，便于他人理解。

排比：排比能表达强烈奔放的感情，周密地说明复杂的事理，增强语言的气势和表达效果。

比喻：比喻能增强语言的形象性、生动性，可以给语言涂上一层斑斓的色彩。

古希腊的哲学家捷诺勤奋好学，知识渊博，遇到问题时他总是要反复论证，从不轻易下结论。

对此，他的学生感到很奇怪，就问他："老师，您的知识比我们多许多倍，您对问题的回答又十分正确。可是，为什么您知识越多，反而思考得越多呢？"

捷诺笑了笑，顺手在桌子上画了大小两个圆圈，并指着它们说："假如用圆圈内的面积表示一个人的知识，圆圈外面就代表这个人不知道的东西。一个人的知识越多，圆圈的面积越大，圆的周长就越大。那么，他接触到的未知的范围就越多。这就是为什么知识越多，思考越多的原因了。"

**拟人：拟人能生动形象地说明某个事物的某个特点，使其生动鲜活起来。**

朱自清先生是这样形容荷花的：曲曲折折的荷塘上面，弥望的是田田的叶子。叶子出水很高，像亭亭舞女的裙。层层的叶子中间，零星地点缀着些白花，有袅娜地开着的，有羞涩地打着朵儿的；正如一粒粒的明珠，又如碧天里的星星，又如刚出浴的美人。

**引用：引用可以使所表达的语言简洁精练、生动活泼，增添感染力。**

天才＝1%的灵感＋99%的汗水。这句话是发明家爱迪生的名言，我们在今天也经常用到，证明天才并不是游手好闲就能做到的，它其实是靠勤奋和汗水以及努力拼搏换来的。

**设问：设问用得好，能引人注意、启发对方思考，更好地领会讲话人的中心思想。**

林肯在做律师时，曾在一次诉讼中以巧妙的设问赢得了胜利。

一天，一位老妇人来找林肯，哭诉自己被欺侮的事实。这位老妇人是美国独立战争时期的一位烈士遗孀，每月靠抚恤金维持生活。不久前，出纳员竟要她交付一笔手续费才准领钱，而这笔手续费等于抚恤金的一半，这分明是勒索。

法庭开庭当天，被告矢口否认，因为这个狡猾的出纳员是口头进行勒索的，没有凭据，情形显然对老妇人不利。

轮到林肯发言了，上百双眼睛紧盯着他，看他是否有法子扭转形势。

林肯用抑扬顿挫的嗓音，首先把听众引入对美国独立战争的回忆。林肯两眼闪着泪光，述说着爱国志士是怎样忍饥挨饿地在冰天雪地里战斗，为浇灌"自由之树"而洒尽最后一滴鲜血的。最后，他以巧妙的设问作出了令人吃惊的结论：

"现在事实已成了陈迹。1776年的英雄早已长眠于地下，可是他那衰老而可怜的遗孀还在我们面前，要求我代她申诉。不用说，这位老妇人从前也是位美丽的少女，曾经有过幸福愉快的家庭生活。现在，她已牺牲了一切，变得贫穷无依，她不得不依靠革命先烈用生命换来的自由，向我们请求援助和保护。试问，我们能熟视无睹吗？"

发言至此戛然而止。听众的心早被感动了，有的捶胸顿足，扑过去想要撕扯被告；有的眼圈泛红，为老妇人流出同情之泪；还有的当场解囊捐款。

在听众的一致要求下，法庭通过了保护烈士遗孀不受勒索的判决。

由此可见，好的表达离不开修辞。青少年应加强学识和生活积累，不断提高文学修养，将各种修辞方法灵活地运用到日常的交流中。

心灵悄悄话※

"7/38/55"定津：在整体表现上，旁人对你的观感，只有7%取决于你真正的谈话内容；38%取决于说话者的口气、手势等；而55%的比重决定于你的外部形象如何。

# 第三篇

## 语言得体赢得好感

自古以来，中国人就讲究得体说话，灵活办事。古人曰："遇沉沉不语之士，且莫输心；见悻悻自好之人，应须防口。"得体说话与灵活办事，不仅是一个人必备的生存技能，还是一个人在社会上游刃有余的保障。说话和办事的艺术，类似一匹宝马，驾驭好了可以日行千里，帮你冲锋陷阵；驾驭不好，就会让你摔跟头。

综观古今，我们不难发现：不论是政坛精英，还是商界巨子；不论是高官贤达，还是市井百姓，那些能成就一番事业的人，都是会得体说话、灵活办事的人。

# 获得好感的黄金法则

## 留下良好的第一印象

"印象",是一个人的某些特征在他人头脑中留下的迹象。而"第一印象",是在与人初次接触时给对方留下的形象特征,心理学上称为"首因效应"。著名演讲家戴尔·卡耐基有一次曾经说:"最近,我在纽约参加了一个宴会,其间有一位少女,她在不久之前得到了一笔巨额遗产,所以她就花了大量的金钱,把自己从头到脚装饰得十分华丽。她为什么要这样做呢?无疑,她是想使宴会中的每一位宾客对她有一个好印象。可是,不幸得很,她的衣饰是足够富丽了,但是,她的一副面孔十分深沉,好像是有着一股凌人的傲气,令人看了无论如何也不会生出愉快的情感来。她只知道在自己的服饰上下工夫,却忘记了人最要紧的是面部的表情。"

确实,一个人有着一张笑脸,那是谁都欢迎的。如果老是哭丧着一张脸,那么无论服饰多么华丽,都会使人讨厌。这种情况不单适用于女人,对男女老幼,都是一样的。两个孩子,一个是天真烂漫、十分快乐的,一个是愁眉苦脸、老是一副哭丧相,试问你喜欢哪一个孩子呢?

良好的第一印象是成功交往、创建和谐人际关系的开端。那么,在与人的初次交往过程中,要给人以良好的第一印象,应该怎么做呢?

### 1.礼貌待人,主动热情

礼貌待人要求用语礼貌,使用"请""谢谢您""对不起"等日常礼貌用

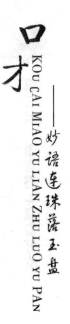

语既是对别人的尊重,也是对自己的尊重。另外,还要举止得体,坐有坐相,站有站姿,不扭捏作态,也不随意放肆。主动热情在交往中表现为喜欢、赞美和关注他人。

### 2. 积极求同,缩短距离

人际交往中有个重要的原则:相似性原则。双方只要在兴趣、爱好、观点、志向甚至年龄、籍贯、服饰等方面有相同之处,往往就可以缩短彼此间的距离,消除陌生感。常言道:"亲不亲,故乡人;美不美,故乡水。""异邦遇同乡,他地谈故里。"初次交往积极寻求接近的共同点,会给人留下良好的第一印象。

### 3. 了解对方,记住特征

与人初次交往之前,如有可能要尽量了解对方的情况,作为相识和交谈的基础。比如你了解到对方喜欢养花,那你就可以在谈话时说些有关养花的逸闻趣事,对方一定会对你的谈话感兴趣。

## 巧妙称呼,拉近彼此距离

亲切地称呼对方,能有效地拉近彼此之间的距离。如果你能亲切地叫出一个刚认识不久的朋友的名字,相信这个朋友一定会很高兴。他可能会想:"没想到,他居然还记得我。看来我给他留下了很深的印象",因此对于你的好感度也会大大增加。但是切忌叫错对方名字,这是不尊重、不在乎对方的表现。

对于那些你叫不出名字的人,不妨询问一下旁边的人。如果你觉得自己记性不好,可以把对方的姓名记在一个小本子上。不要看到什么人都直接称"喂""那个谁",这样给人的感觉是很不礼貌的。

在称呼对方时,一定要注意对方的年龄、职业和身份。要根据对方的喜好来称呼对方,不恰当的称呼会引起对方的反感,从而影响到你们之间的关系。例如:对于喜欢听别人称呼自己头衔的人,就不要直呼其名。

一般来说,称呼会随着双方之间熟悉和亲密程度的变化而有所发展。当你与对方不熟悉的时候,可以称呼对方的头衔或者名字。在彼此熟悉或者关系亲密以后,你就可以称呼对方的昵称。在交际中,你也可以通过称呼来拉近双方的距离。

张强是一个公司的职员,他很懂得从称呼上拉近和同事之间的距离。如果对方是长辈,他就会说:"李主任,我是小辈,以后我就直呼您为李叔吧!"如果对方是同辈,他会亲切地称对方"王哥""李姐"。如果是和自己年龄差距不大的女孩子,他就会尽量往小里去称呼对方或者直呼对方为"美女"。通过对称谓的灵活选用,张强很快就拉近了和同事之间的距离。

当然,在称呼对方时也要看场合。如果是正式场合,如开会或与外单位洽谈时,对领导和同事就要直呼其衔了,这既是为了体现领导的权威,也是为了体现工作的严肃性。

总之,**在称呼对方时,一定要考虑到场合、地位、年龄和对方的喜好,只有这样才能保证你恰当无误地选好称呼,从而拉近双方之间的距离。**

大多数人都倾向于被动地做出反应。他们等着别人主动投来目光、送来微笑、主动打开话题以及发出邀请。因为他们遇到的大多数人也同样在等待,所以常常是到头来双方都很失落。凡是在社会交往上很成功的人都积极地将别人拉入自己的生活中。他们常常采用的最重要的两种方式就是:主动与希望认识的人交谈;向希望作进一步了解的人主动发出邀请。

# 让你的身体帮你说话

肢体语言是信息发送者要把发送的信息,通过仪表、姿态以及动作输送到信息接收者的视觉器官,再通过信息接收者的视觉神经作用于大脑,从而引起积极反应,实现信息发送者的目的的一种表达方式。

肢体语言是领导活动的信息载体,是语言的重要部分。一位名人曾说过:"很多世纪以来,以面部表情这种语言培养出来的成功,比从嘴里讲出来的更复杂的语言要多千百倍。"

肢体语言有助于形成第一印象。社会心理学中有一个理论叫"晕轮效应"。这一理论认为,人们给予他人的"第一印象",往往成为他人对其作出判断的心理依据。

心理学家曾做过一个有趣的实验:他在莫萨立特大学挑选了 80 个自愿实验者。这些应试者,在口才、外貌和对事物的理解力和判断力上,无甚区别,但在风度仪表方面则差距明显。根据事先的安排,这 80 名应试者分别征求 4 位素不相识的过路人的意见,希望得到他们的支持。结果,风度翩翩者稳操胜券,仪态平平者则屈居人后。

常用的肢体语言有以下几种:

**1. 手势:传达信心的拳头**

手势是指通过手和手指活动传递信息,它是态势语言的重要表达方式。手势变化形态多,表达内容丰富,具有极强的表现力和吸引力。

"二战"期间,英国首相丘吉尔在结束电视演讲时,举起握拳的右手,然后伸出食指和中指构成"V"字形,以象征英文"胜利"(Victory)一词的开头字母,结果引起全国欢呼。因为这手势十分形象地表达了英国人民战胜法西斯的必胜决心和信心。

### 2. 目光：会说话的眼睛

目光是通过眼睛来反映心理、表达情感的。

心理学家认为，人的视线活动概括了 70% 的肢体语言表达领域。芬兰的心理学家还做过这样的实验：把表现演员不同情绪的目光照片，裁成只保留眼神部分的细条，然后让人分辨他们所表现的情感，结果正确率很高。这说明：人们都能解读目光语言。

如在上司与下属谈心时，应把亲切、自然的目光缓和地洒向下属，而不应一遍又一遍闪电般地扫视对方，或恶狠狠地盯住对方。

### 3. 姿势语言：举手投足也是说话

姿势语言包括坐姿、站姿和卧姿语言。最为重要的是坐姿语言。男性伸开腿而坐，意为"自信""豁达"；女性并腿而坐，意为"庄重""矜持"。

### 4. 面部表情

面部语言是指通过面部肌肉姿态的变化来表达思想感情。面部可以把高兴、悲哀、畏惧、愤怒、忧虑、烦恼、报复、疑惑等迅速、充分地反映出来。面部表情是人心理活动、情绪变化的晴雨表。

### 5. 服饰语言

穿着打扮具有信息传播功能，它能显示人的职业、爱好、社会地位、文化修养、信仰观念、生活习惯及风俗等。穿着打扮就等于是一幅活广告。穿着打扮能表现出"服饰语言"。

服饰语言必须符合目前国际上公认的 TPO 衣着原则。"T"（Time）指时间；"P"（Place）代表地方、场所、位置、职位；"O"（Object）代表目的、目标、对象。

1987 年，美苏两国首脑在华盛顿签署限制中程导弹条约时，两位第一夫人南希和赖莎的服装便是一次无声的"自我介绍"。两人不约而同地穿上了灰色的套装。赖莎为改变苏联妇女的"货车司机"形象，再外加了一件红色恤衫以突出上下身比例，令人耳目一新。而南希的套装双肩垫得太浮，收腰过于夸张，在这种庄重的外交场合似乎不太协调，新闻媒体普遍认为赖莎胜于南希。

人的身体能够说话，所以，要想让你的身体帮助你说好话，你就须树立起良好的形象。而树立起良好的形象，除了要注意以上的"硬件"外，还要重视自身的"软件"建设，这个"软件"便是素养。一个没有毅力、没有自信、没有恒心、没有进取精神的人很难树立起其良好的形象。

说话时，你的态度能够直接影响别人对你的看法。例如，你究竟是一个冷漠无情或乐观快活的人，还是一个自暴自弃或诚实向上的人，或是一个漫不经心或小心谨慎的人等，都可以从你的言谈态度中得到判断。

盛气凌人的态度极易激起别人的愤怒，过分的低声下气又会被人讥笑为懦弱，没有骨气。所以，说话时应站在与对方同等的地位，以民主的方式相互交换思想和意见，也是一种说话技巧。

但是，话又说回来了，一个擅长说话的人，是不被形式所拘束的，他既不采取说教的方式，也不以炫耀自己的方式来交谈，他可以做到的是每一个和他说过话的人，都会认为他是最理想的交谈对象。他的态度始终是那么自然开朗，一方面可以接受别人的忠告，另一方面也能给别人以启发。这种人无论在任何场合都能获得别人温馨友好的对待，而且还给予他很高的评价。

当然，若这种人还具有较强工作能力的话，那么他的成功是毋庸置疑的。

一位名人曾说："之所以要讲究说话的技巧，是因为很多人常常不假思索就信口开河，因而导致种种不良的后果。"

他还说："为了达到目的，说话时必须力求简单明了而且具有说服力。但最重要的是，该说则说，不该说则不说，而且不了解的事也不该说，甚至突然想起的话题，也应尽量避免向朋友提及。"

**心灵悄悄话**

口才是练出来的，不要羞怯，要知道每个人的资质都是差不多的，自己有怯场的心理，别人也会有同样的感受，要抓紧一切可以锻炼的机会来展示自己，给自己信心，相信自己既能够做得到也能够说得出。

# 提升你的谈吐魅力

## 在谈话中充分运用你的眼神

有句俗语说得好:"眼睛是心灵的窗户",一个人的内心世界是个什么样子,都可以通过这扇窗户透露出来。的确如此,在与人交往的过程中,我们通过对方的眼神,往往可以很轻松地察觉出对方的喜、怒、哀、乐;看看对方眼睛的神态,不用等到对方说完,我们便可以知道对方究竟想要表达什么意思。有时候,眼神所传达的感情,往往胜过千言万语。

世界上无数著名的人物都是十分善于运用眼神的,马克思便是其中之一。保尔·拉法格在回忆马克思时说道:**"他在观察人们和事物的时候,不是用玫瑰色眼镜或黑色眼镜,而是用明察秋毫的目力。他的目光从不停留在事物的表面,而总是要洞悉底蕴。这种明察秋毫的目力,这种'慧眼',这种自然之母只赋予少数人的洞察力,都是马克思所有的。这一点我在第一次会见他的时候就觉察到了。"**后来,普·凯尔任采夫在回忆列宁时说道:"他演说时的姿态,他的淳朴,而首先是他的一双目光炯炯能看到人们内心深处的眼睛——都使我觉得是非凡的。"

在众多的面部表情中,眼神是最生动、最复杂和最微妙的。人们丰富多彩的内心世界,通过眼神便会充分地表露出来。苏联作家费定在他的《初欢》中是这样描述眼睛的无穷奥妙的:"眼睛会发光,会发火花,会变得像雾一样暗淡,会变成模糊的乳状,会展开无底的深渊,会像火花和枪弹一样投射,会质问、会拒绝、会取、会予、会表示恋恋之意⋯⋯"由此可见,眼睛的表情,要远比人类的语言更丰富。

眼神所折射出来的涵义也会体现在与人交谈的过程中:与人交谈的时候正视对方,是对对方尊重的体现;斜着眼睛看对方,表明对对方不屑一顾;看对方的次数多,表明对对方的重视;眼睛凝视不动,反映出内心的惊奇、恐惧和忧伤;敌对的双方在用眼神互相瞪视的时候,如果其中的一方突然把眼光移向别处,其内心的担忧和惧怕已经表露无遗;在与人谈判的过程中,如果一方眼球不停地转动,其内心很有可能又有什么新的主意。

如果你心胸坦荡,那么你的目光一定是明澈的;如果你心术不正,你的目光一定是狡黠的;如果你精神焕发,你演讲时一定是目光炯炯;如果你心胸狭窄,那么你一定会目光如豆;如果你志向高远,那么你目光一定很执著;如果你轻薄浅陋,那么你的目光一定是浮动不定的;如果你聪明机敏,那么你的目光一定是睿智的;如果你心事重重,那么你的目光会是呆滞的;如果你自强自信,那么你的目光一定是坚毅的;如果你自暴自弃,那么你的目光一定是衰颓的。眼神能表达出丰富多彩的涵义是不容置疑的,因此,得体地运用目光语言会使你的谈话变得更精彩、更生动。

在与人交谈的时候,一定要用眼睛正视对方,这样能给对方一种受到尊重的感觉,如此,双方的谈话也会变得很融洽。但可惜的是,很多人在与别人交谈的时候,不是两眼死盯着天花板就是左顾右盼,他们完全没有想到,这种眼神会给对方留下"目中无人"的感觉,如此双方谈话的效果可想而知。无论如何,在与人交谈的过程中,根据谈话的对象、谈话的内容、场合来恰当地运用目光语言是十分必要的。有时,目光语言的运用会收到令人意想不到的效果。

## 美妙动听的声音为你赢得好感

在交际中,动听的声音可以起到重要作用,能为你赢得好感,赢得机会，增强你的自信心。

富有特色和感染力的音质，仿佛一缕和煦的春风，使人与人的沟通更加亲切自然，充满信赖感；说话生硬，会让人望而生畏；语速太快，别人很难听懂你讲话的内容……那么，如何才能拥有动听的声音呢？我们可以从以下几点把握：

### 1. 音调的高低变化

如果你在和别人讲话时始终保持同一个音调，就如同催眠曲，不能调动气氛，会使听的人打不起精神，昏昏欲睡，很难让人找到你说话的重点所在，自然也就达不到沟通的目的。在说话时，可以放慢速度强调一些主要词句，在一般内容上则稍微加快一些。随着内容和情绪的变换，说话的音量和音调也应该发生变换，在不同声音段里，要有高潮、有舒缓、有喜忧，才能引人入胜，扣人心弦。

### 2. 音量要适当

不要有太多的尾音，每个音节之间要适当地停顿。讲话的音量要适当，声音太大会让人反感，让人感觉是在装腔作势；但声音太小又会使人听着费劲，误以为怯懦。一般要根据听者的远近适当控制自己的音量，最好控制在对方听得见的限度内。

### 3. 多看法语片

大家公认为法语是世界上最动听的语言。的确，这种用气声发音的语言充满了情调，不论男人、女人，用法语发出的声音都吐气如兰。多听听法语，哪怕你并不懂这种语言，也会潜移默化地受到熏陶。

### 4. 要提升自己的谈吐、气质

如果没有相应的谈吐和气质，再好的声音条件恐怕也会大打折扣。试想如果一个人说话低俗，即便他有再好听的声音，也不会有人喜欢听。所以，与人交谈多用一些礼貌词汇和句式，加上翩翩的风度和儒雅的气质，也可以为你的声音增加一些分数。

此外，要想拥有动听的声音，不但需要自己认真练习，还需要做声音美容。声音美容就是在专业的健声教练指导下，采用一套独特而科学实用的方法，学习和掌握发声技巧，纠正发音误区，使人的声音得以改善，让人的

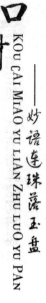
声音更圆润、更丰富,语言的表现力更强。优美、清晰、流畅的语音,是气质美、仪态美的重要表现。声音美容可以塑造成功的形象,让你充满自信,散发迷人的魅力,拥有更好的生活品质,赢得更多的成功机会!

心灵悄悄话

说话要有内容,才能够在社交场合及一些工作场合中吸引别人的倾听,你总要使别人在听你说话的过程中有一些收益或是产生共鸣,那么这样的说话才是成功的,而别人也才会乐意听你说话,与你交流。

# 说得多不如说得妙

有人说话时喜欢引经据典或长篇大论，经常让听者晕头转向，不知所云。事实上，这种说话方法远不及简短的几句关键语！

任何事物，不管是多复杂的现象、多深奥的思想，说到底也就是经过概括和抽象后的认知。而这些认知就是事物的精华与核心，只要你能抓住并领悟它，就能触类旁通。所以，**如果你能用极为简明的语言，条理分明地将自己的观点加以表述，或将对方思想、观点上的实质部分一一揭露，便能收到"片言以居要，一目能传神"的效果。**

在一次亚洲大专辩论赛中，香港中文大学队与新加坡国立大学队，针对"个人利己主义是社会进步的最重要因素"的辩题进行辩论。新加坡国立大学队为正方，香港中文大学队为反方，双方争辩激烈，相持不下。

这时，香港中文大学一个队员指出："国父孙中山先生领导辛亥革命，推翻了中国两千多年的封建统治，难道是因为个人功利主义吗？爱迪生发明电灯，造福全人类，难道也是因为个人功利主义吗？"此话虽然简短，但是一针见血、切中要害，具有几乎不可辩驳的威力。

俗话说："**秤砣虽小压千斤。**"画龙点睛的语句，能在关键时刻发挥重要的作用。它包含辩论者高度浓缩的思想、感情、智能和力量，具有以少胜多、点石成金的特殊作用。

## 话不在多而在于精

托尔斯泰说过：**"人的智慧越是深奥，其表达想法的语言就越简单。"**其实真正打动人心的语言往往不是长篇大论，而是那些简洁有力的话。生活中有这样一小部分人，明明一句话能讲完的事非要长篇大论，废话连篇，毫无重点，让人听后摸不着头脑。而当事人还对自己的毛病毫无察觉，自顾自地享受着表达的乐趣，全然不顾听众的感受。

有一个富人去听一位牧师的演讲，开始的时候，他被深深地感动了，拿出很多钱准备捐款。一个小时过去了，他认为牧师的演讲该结束了，但牧师仍在继续，他有点不耐烦了，决定只捐一些零钱算了。两个小时过去了，牧师还在滔滔不绝，这个人开始反感，决定一分钱也不捐了。三个小时过去了，牧师还在翻来覆去地讲同一个道理，这个人烦透了。最后，好不容易挨到牧师演讲结束了，开始时准备捐钱的这个富人，不但一分钱没有捐，还趁人不注意从捐款钵里拿走了一些钱。

这个小故事给我们的启示是：**如果一个人的讲话时间过长，对他人的刺激过多、过强，超过了合理的限度，就会引起人们心理极不耐烦或反抗的情绪，事物就会朝相反的方向发展。心理学上将这一行为称为"超限效应"。**如果希望自己说的话能够在别人身上起作用，就不能简单地重复，而是要换个角度、换种说法，将对方的厌烦心理、逆反心理降到最低，讲话才会达到最佳的效果。

第二次世界大战期间，面对希特勒强有力的进攻，英国人节节败退，人心惶惶，士兵士气低沉。当时的英国首相丘吉尔觉得有必要通过演讲来激励士兵的士气，挽救国家的命运。丘吉尔拄着拐杖，戴着草帽，慢步走向讲台，先把草帽放在讲台上，然后用目光从左到右横扫了整个军营，说："永不放弃!"然后又从右到左横扫了整个军营,说:"永不放弃!"当时整个军营鸦雀无声,连一根针掉在地上的声音都可以听到。然后他又从左到右横扫了一次整个军营,加大声量说:"永不放弃,永不放弃,永不放弃!"整个军营都兴奋起来,欢呼声淹没了整个军营。此后英国接连打败了德国的进攻。

这是丘吉尔最著名的演讲,是世界上最震撼的演讲,同时也是世界上最短的演讲。讲话简洁精练,在我们这个讲究效率的时代更为适用。不要用你的长篇大论来浪费彼此的时间,折磨别人的耳朵,简洁明晰地表达自己的观点才能收到更好的效果。话不在多而在于精,否则不仅不能获得预想的效果,相反,还会因为话多带来不利的影响。

 心灵悄悄话

仪表——整洁、得体的着装可以让青少年看起来整齐清爽,给人留下良好的第一印象。青少年不宜穿奇装异服,那会让人觉得你邋遢和没有责任感。

# 说话得体有方法

## 说话的方法

　　说话的内容固然相当重要,但别人的评价好坏与否,自己给人的印象如何,以及人们彼此之间的接触和联系,全靠说话的方法而定。

　　众所周知,同样的一件事情常有种种不同的表现方式,诸如它所影射的含义,它的微妙差异,以及说话时应付出多少热诚等,这些都是值得我们注意的。因此,在说话之前,应该先仔细考虑说话时应具备的态度和如何连贯自己的思想等问题,这并不是一件浪费时间而毫无意义的事情。

　　说话的方法同时也能够决定我们是否能把该强调的重点明确地表示出来。有时我们轻松自在地说话,能把重点强调出来,心平气和地说话,也一样能给对方留下深刻的印象。

　　有时冒犯我们的态度近似保守与畏缩,却也能充分地表达意愿。这种种意料不到的结果是因为我们将说话时的心情,毫无保留地表露在交谈之中。若能始终保持愉快的心情与人交往,就定能深受人们的好评。反之,若说话时喜欢装模作样、骄纵蛮横,别人一定认为你自命不凡、优越感太强。若说话时话中带刺,具有强烈的攻击性,那么你一定会招致别人的极端厌恶。

　　总而言之,一个能与所有人和睦相处的人,应是非常优秀的。看一看那些有所成就的人,几乎每一个人都具有能与任何人融洽相处的优点。也就是说,他们不论和谁说话都能使对方专心致志地聆听,完全被他的人品与思想所吸引。说话要有清晰的条理,这是不容忽视的重要问题。通过说话不仅能够表现一个人的工作能力,其他与之相关的诸如教育程度、知识水平、嗜好以及对当前问题的分析能力等,都能从中一一表现出来。

一位名人曾说:**"一个喜欢大声嚷嚷的人,很难让别人明白他究竟说些什么。"**因此,说话时不把握重点,言辞没有分寸的人,经常是徒劳无功,甚至会造成无法挽回的后果。

懂得说话的方法,就可以判断自己的想法是否合情合理,同时也可以让别人对自己有一个深刻的印象。如此日积月累,自然能在人群中树立起好的声誉。当然,这与事业的成败有着密不可分的关系。

## 双方交谈时要选择积极的字眼

有时候,几句简单积极的话就能给人以鼓励和希望,甚至可以改变一个人的命运。

我们知道,现实的世界,是一个人与人构成的世界。与这个世界沟通,实质上就是与这个世界上的人进行沟通,而且必须是有目的的沟通。

可以说,无论我们在做什么,或者想做什么,要想获得成功,必须学会善于与沟通。在商场有句名言,叫做"人脉就是钱脉",就的就是这个意思。

一个推销员,想把自己的产品出去,就得通过、促销、登门拜访、推荐产品等一系列手段与客户沟通,才能实现赚钱的目的。一个有抱负的人,想在工作中游刃有余、大展宏图,就得善于与上司、下属、同事进行有效的沟通,才能打通自己的成功之路。

以至于年轻人谈恋爱,也得会学握对方特殊心理,才能机敏地跨入对方的情感世界中去。

沟通永远是人们在生活生事业中就该掌握的首要才能。从某种意义来讲,它是我们获取财富、快乐、幸福和健康的最重要的手段和策略。

谁都希望别人能欣赏、鼓励自己。当你沮丧或者悲观时,如果有人能对你说:"我相信你一定可以的""没问题的""一定会有办法的",你是不是感到很受鼓舞,心情也随之雨过天晴?相反,如果有人对你说:"太糟糕了,该怎么办呀"这类的话,一定会让你更加沮丧,感觉会更糟糕。如果让你来选择,你更愿意和哪种朋友交往呢?肯定是那种常常用积极话语与你沟通交流的人。

所以,在与他人交谈时,要多说一些积极的话,这会让对方更加喜欢你,也更愿意和你做朋友。

## 谈话的禁忌

要想成为成功人士,就必须懂得掌握说话的分寸!下面就是有关谈话的一些禁忌。

### 1. 自己的健康状况

除了自己的亲朋好友外,没有什么人会对他人的健康检查或过敏症感兴趣。

### 2. 他人的健康状况

患有严重疾病的那些人,比如:癌症、心脏病、动脉硬化以及关节炎等,通常不希望自己成为谈话的焦点对象。不要在遇到病中友人时愁眉不展,一旦他重新回来工作,就应像平常人那样去待他,而不要提起他所经历的病痛。

### 3. 东西的价钱

若一个人的话题老是围绕着"这值多少钱?""那值多少钱?"就会让人们觉得他是个俗不可耐的人。某个人的房屋或者汽车等值多少钱并不关系到其他人的事情。

### 4. 有争议性的话题

除非很清楚对方的立场,不然,就应避免谈到具有争论性质的敏感话题,诸如宗教、政治、党派等因素所引起的双方抬杠或者对立僵持的状况。

### 5. 个人的不幸

不要跟同事提起个人所遭受到的伤害。例如他离婚了或者是家人去世等。当然,如果对方是主动提起,就需要表现出同情并听他诉说,但不要为了满足自己的好奇心而追问不休。与刚刚遭受到不幸的人谈话,你最好是让他尽量发泄。可是,如果不幸的主角是你自己,那么在谈公事的时候,就应该尽可能地不要插入自己不幸事件的话题,如果这样就将会使人感到为难——别人不知道应该怎样表示同情。最好的方法是不提或只说一句"真不幸",之后就继续进行讨论公事。

### 6. 老生常谈或过时的主题

那些会使人在心里想到诸如"又来了",这样的话题就不是什么好的话题。

### 7. 害人的谣言

在平时的日常工作当中就会有很多机会可以散布对他人前途不利的一些谣言,在你将要开始谈论这类闲话之前就应该先思考一下:不管是"添油加醋",还是这些内容很有可能就是真的,一旦说出口都会对别人造成严重伤害。

一位善于为下属辩护的主管应该表现出领导者的大家风范,即便是一句"我认为如果这样的话对他极不公平",都会令别人感到佩服与尊敬。

### 8. 说话过于直截了当

在人际交往中,在一些情况下,心直口快的确是非常好的一种品德。例如,好朋友如果有了缺点或错误,在他还未意识到的情况下,为了不至于使他陷得更深,走得更远,直截了当地指出其中所存在的症结,使他尽快地回到正确的道路上来,这是很有必要的。

另外,你在工作的过程中,与某个人因为某个问题或者是某个事件而发生了冲突,产生了误会,你不先去进行调查,弄明事情的原委,便气势汹汹、火冒三丈地与对方辩驳,强行要求对方把事情弄清楚。其结果,问题不但没有弄清楚,反而把人家给得罪了。你为什么不转个弯,换一种或者几种方法来解决呢?

### 9. 不同品位的故事

对于黄色笑话在房间里说会让人觉得非常有趣,但若在大庭广众之下说出来,效果就非常不好了。常说黄色笑话的主管会被认为是缺乏自信和能力的人,只有用这种方式才能引起别人的注意。

 心灵悄悄话

面部表情是一种十分重要的非语言交注手段。艺术家们注注会通过对人物面部表情的描绘来表现人物内心的情绪和情感,栩栩如生地展现人物的精神面貌。现实生活中,我们在与人交流时应时刻注意自己的面部表情,要保持目光和蔼,面带微笑,这样才能融洽交流气氛,使沟通更顺利。

# 怎样说话才受欢迎

## 讲话谦虚的人最有魅力

**如果你身居高位，那么不妨讲话谦虚一点，不仅能满足他人的虚荣心，还可以减少他人对你的敌意，让你更受欢迎。**

美国一位著名电影明星接受中国电视记者采访时，当被问道她抱着什么样的想法进入好莱坞时，她谦虚地说，自己虽然在好莱坞待了好多年，但不是当演员而是当女招待。她大胆地承认自己以前的平凡和曾经有过的失败，结果赢得了阵阵掌声。

成功者身上的光环会让周围的人暗淡无光，所以，成功人士常会遭遇他人的嫉妒。而谦虚可以消除别人对你的这种敌意，因此，当你春风得意时，千万不要在无关紧要的小事上争强好胜。此时恰到好处的谦虚，不仅不会有损你的形象，反而会使你更受欢迎。很多名人都巧妙地利用了这一点，因此受到了多数人的青睐。有些名人在写自传时，经常会回忆自己当年的惨状："刚来北京时，住地下室，见不到阳光，连吃饭都成问题……"读到此处，你会顿生恻隐之心。人们总是同情弱者，当看到明星也有弱点，也和自己一样有苦恼时，心中必生同感，从而更加喜欢他、支持他。

敢于拿自己开玩笑，也是一种谦虚的表现，因为他们其实内心充满自信。

某次晚会，冯巩在主持节目时说："今天由长得难看的我与中央台漂亮的美女周涛一起来主持……"冯巩敢于当众贬低自己，来源于他对自己才华、对自己吸引力的肯定。

一个自卑的人是不会当众拿自己开玩笑的,你也不能当众挤对他,否则便会遭到他的忌恨。而一个成功且自信的人却不怕善意的玩笑,我们常见小品演员拿成功名人开涮。被挤对的名人一般都不会生气,他知道,开他的玩笑,说明他还是有些名气,因为"没有人会去踢一只死狗"。

多数人小时候都玩过跷跷板,其实谦虚就像跷跷板一样,你在这头压低自己,就能将另一头的对方抬起来,他在上面时必然会往下压,再把你抬上去:"哪里,哪里,其实你也够优秀的。"——这就是谦虚的妙处!谦虚意味着尊重对方,它是人际关系的润滑剂。

生活中,人们经常在比较,事与事要比,人与人也要比。每个人在内心深处都希望自己能够赢过别人,获得优越感。所以当你强调对方"高"的时候,既满足了他的虚荣心,也赢得了他的好感。所以,适当谦虚,对你、对他人都是有利的。

百川汇海是因为海的低姿态,饱满的麦穗总是低垂着,自然界里不乏这样的现象,人生亦是如此,谦虚的人生才是"成功"的人生。

## 适当沉默,切勿夸夸其谈

在日常生活中,我们经常可以见到一些刚愎自用而又喜欢自吹自擂的人,这些人在与人交谈的时候,往往喜欢通过贬低别人来抬高自己,这种谈话方式极易招致别人的反感。

其实,无论与我们谈话的对象是我们的同事、领导抑或是下属,我们都要尽力考虑到对方的感受,切勿夸夸其谈,自吹自擂。如果经常自吹自擂,那么到头来受害的还是我们自己。以下是一些在与人交谈中避免夸夸其谈的技巧:

### 1. 不要总在别人面前展现自己的优越

在我们的身边,会有一些人在谈话过程中动不动就提到自己或家人的辉煌业绩和显赫地位。他们完全没有意识到,长此以往,这种炫耀的语气会使他周围的人产生反感,最终将他们"踢"出朋友的圈子。因此,在同事和朋友之间,谈话的语气最好以谦和淡雅为主,口气温和、不傲慢,这样才能显出你的良好修养,才会在同事和朋友心中留下一个好的印象。

### 2. 切勿自吹自擂

在与人谈话之时不要自吹自擂,也许有些事情在你自己看来确实很了不起,可是在别人看来,并没有什么大不了的,如果你一味地宣扬这些事情,反而会使对方心里产生反感,最终不利于建立良好的人际关系。

### 3. 不要为了显示自己的实力而刻意与人做无谓的争辩

在日常生活或工作中,我们经常会与人产生摩擦,如何处理这些摩擦也是需要一定技巧的。有些人为了显示自己是正确的,在遇到一点摩擦的时候就与人争辩,企图让对方服输。这种处事的方式是不对的,如果事事都与人争辩,不仅会浪费自己很多时间和精力,还会给对方留下一个不好的印象。在与人产生摩擦时,最好的方法是保持沉默。有时候保持沉默所带来的效果,远比与对方争辩几个小时所带来的效果要好得多。

总而言之,在与人交流时,切忌夸夸其谈、自吹自擂,这是交流中必须要关注的问题。

　　说话要注意自己的节奏感,这一点是相当重要的。有些人在说话的时候语速相当快,就像在爆豆子一样,往往他自己说完以后,别人都没有反应过来他说的是什么。说话说得慢一些,声音响亮一些,你会发现,人们会更加注意倾听你的说话,而且他们会感觉你所说的每一句话都是从内心深处说出来的,是经过你慎重考虑后才说出来的,人们会认为你在对自己说的话负责任。

# 第四篇

## 赞美是交际的润滑剂

赞美是维系双方之间谈话顺利进行的润滑剂，在日常生活中，我们经常需要适当地赞美他人，也需要被人赞美。

俗话说："赞美之于人心，如同太阳之于生命，有着十分神奇的作用。"

美国作家马克·吐温也曾经说过："一句好的赞词，能使人不吃不喝活上两个月。"尽管有点夸张，但是他这句话所体现出来的意思却并不含糊：人们需要受到赞美，赞美对于人们的生活可以产生重大的影响。

# 人人都渴望被赞美

在与他人交谈的过程中,适当地赞美他人至少可以收到两方面的效果:一方面,被赞美方可能会因为你的赞美而变得更加光彩;另一方面,你在赞美对方的过程中已经为自己的人际关系开辟了一条平坦的道路。

被誉为"美国钢铁业界的一个天才"的戴维·马尔恩是美国的一位管理专家,他年薪 100 万美元,平均 3000 多美元一天。在一般人看来,戴维·马尔恩既然享有"钢铁业界天才"这么一项殊荣,那么他最少应当是钢铁业界的专家,但出乎人们意料的是,他并不懂钢铁生产,是典型的"外行"管内行。戴维·马尔恩是这样评价自己的:"我其实跟大多数普通的美国民众一样,如果我有比其他人优秀的地方,那就是我能激起人们极大的热忱。要激起人们极大的热忱并不是一件容易的事情,这需要不断地鼓励和赞美。因此,在工作中我从来不会轻易指责自己的员工;如果我有什么爱好的话,那就是我喜欢诚挚地赞扬别人。"

真诚而又适当地赞美别人往往可以间接转化为财富,因为赞美可以使人奋发向上,促使一个人不断进步和发展,最终为公司的发展创造源源不断的财富。戴维·马尔恩取得如此巨大成功的秘诀之一就在于不论是在公开或私下的场合,他都喜欢真诚地赞美自己的员工。

在我们的身边,经常会有一些人信奉处罚和责骂所带来的效果,而对赞扬和鼓励所带来的效果嗤之以鼻。其实,这种信奉"处罚和责骂"的观念是和现代人的人格与尊严、荣誉与自尊相背离的。俗话说:**"赞美之于人心,如同太阳之于生命,有着十分神奇的作用。"**

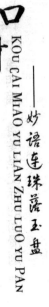
英国大文豪查尔斯·狄更斯年轻时期是在穷困潦倒之中艰难度日的，由于家境贫寒，唯一给家庭创造经济来源的父亲也因为无钱还债而入狱，狄更斯常常遭受饥饿之苦。尽管生活很贫穷，尽管外界条件很恶劣，但是狄更斯渴望成为一位著名作家的理想却从未动摇，他坚持写作，创作了一本又一本的小说，但是这些作品寄出去之后，往往是被退回来。到了后来，他自己也对自己失去了信心。最后一次，他抱着试一试的心理，又给出版社寄出了最近的作品。终于，有一名编辑认为他的作品很有价值，决定予以出版，并回信夸奖了他。这位编辑的鼓励给正处于崩溃边缘的狄更斯带来了希望，也改变了他的一生。从此，狄更斯一发不可收拾，接连创作了一部又一部影响世界的作品。

由此可见，有时候，尤其是在对方处于崩溃边缘的时候，一句简单的赞美所起到的作用是无法估量的。

美国心理学家威廉·詹姆士说：**"人类本性中最深的企图之一是期望被赞美、钦佩、尊重。"**赞美在人们的生活当中是如此重要，因此，请不要吝啬你的赞美，其实在你赞美他人的同时，也间接地赞美了自己。

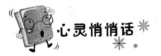

心灵悄悄话

　　一位好的说话者一定是一位特别擅长沟通的人，在自己说话的时候也要学会倾听他人的说话，俗话说：出门看天色，进门看脸色。因此在说话时更要学会看他人听你说话时的表情，以便适时地改变自己说话的内容、语气等，说话时千万不要自说自话，这是最不成功的说话。

# 赞美别人是一种境界

## 赞美要恰到好处

有些人常常感叹,在与他人交往的过程中,心与心间的沟通之路是最难走的。其实,真诚地赞美他人就是走进他人内心深处、拉近彼此间距离的一种捷径,因为每个人都希望得到别人的关注,而赞美就是对他人最大的肯定。

**赞美是一件好事,但不是一件易事,青少年在赞美他人时应掌握一定的技巧。**以下是几种常见的赞美方式,供读者参考。

直接鼓励式。直接鼓励是赞美他人时最常见的一种方式,适用于长辈对晚辈、老师对学生、上级对下级。

爱因斯坦是个酷爱音乐的人,他平时喜欢弹钢琴,并擅长拉小提琴。有一年,他应邀访问比利时,比利时的国王和王后都是他的朋友。王后也是一个音乐迷,会拉小提琴。爱因斯坦和王后在一起合奏弦乐四重奏,合作得非常成功。爱因斯坦对王后说:"您表演得太棒了!说真的,您完全可以不要王后这个职业。"听了爱因斯坦的赞美,王后非常开心。

间接迂回式。当我们想赞美一个人,但又不便当面说或者没机会说明时,可以在他的朋友或同事面前适时地赞美一番。这样会收到好的效果。

美国南北战争开始时,北方联军连吃败仗。后来林肯大胆地起用了格兰特将军。可格兰特将军出身平民,他时常衣着不整,言语粗俗,行为莽撞,甚至有人指责他是个酒鬼。林肯心里明白,所有对他的传言都是夸大其词……后来,竟然有人要求林肯撤掉格兰特的军职,理由就是他酗酒。林肯则不以为然,他赞美格兰特说:"格兰特将军总是打胜仗,要是我知道他喝的是哪种酒,我一定要让别的将军也喝这种酒。"格兰特没有辜负林肯对他的信任,为结束南北战争立下了赫赫战功,证明了自己的确是一位能力卓越的将军。后来,他成为美国第十八任总统,他就是尤里西斯·辛普森·格兰特。

热切期望式。有时候,信任和期待也是一种赞美。当你给予别人热切的期望、真诚的赞美时,同时也给予了他们信心、勇气与意志力。

维克多·雨果是法国著名的作家,他出生在一个军官家庭,祖辈几代人中没有一个与文学有缘。可是,雨果却从小就爱好诗歌和文学创作,这除了自己的聪颖和勤奋以外,还与他母亲的引导和教育分不开。

雨果读书时很喜欢写诗,对此他的数学老师很看不惯,于是就用一大堆数学题来压他。他的母亲诚恳地与老师联系,使雨果摆脱了那些难解的数学题,有时间从事他心爱的诗歌创作。

有一次,雨果的母亲得了肺炎,他日夜守护在母亲身边,以致耽误了参加普鲁士学校举办的诗歌创作有奖比赛。当母亲病情好转后,第一句话就问雨果:"诗歌写好后寄出去了吗?"雨果沉默不语。母亲知道是因为自己生病而耽误了儿子,她感到十分内疚。雨果明白母亲的心,等母亲熟睡后,他连夜把诗歌写好。母亲醒来看到儿子的诗作已放在床头时,微笑着流下了热泪。

雨果成名后,许多亲友称赞他:"你为我们的文学增添了耀眼的光彩,你的成名之快、成就之大,简直是个谜,这个谜恐怕只有文艺女神才能解开。"

如果真有文艺女神的话,那就是雨果的妈妈。

出乎意料式。有时,出乎意料地赞美也能引起对方的好感。

有一天,卡耐基去邮局寄挂号信,办事员的服务态度非常差,很不耐烦。当卡耐基把信件递给她称重时,他说:"你的头发真漂亮,真希望我的头发也可以这样!"闻听此言,办事员惊讶地把头抬起来,看了看卡耐基,接着脸上露出了笑容,开始热情地为卡耐基提供服务。

由此可见,**适宜的赞美是欣赏,是感谢,它给人的喜悦是无可比拟的。**我们都应该找出别人的优点和特别之处加以赞美。不要言不由衷地巴结,只要大大方方地称赞值得称赞之处就可以了。**痛痛快快地赞美他人是这么容易,对建立友谊又是如此重要,我们何必吝于赞美呢!**

## 赞美要有新意

在人与人沟通的过程中,不是只要说好话就能获得对方的好感。虽然赞美是所有声音中最甜蜜的一种,它可以给人一种美的感受,但不应该通俗化。"喜新厌旧"是人们普遍具有的心理,陈词滥调的赞美是不能引起对方注意的,只有新颖独特的赞美才具有吸引力,才能深入人心,令人回味无穷。就像法国某位屡战屡胜的将军,当别人称赞他"您真是位了不起的军事家"时,他无动于衷,因为他认为那是理所当然的;但让别人指着他说"您的发型很帅,眼神也很明亮"时,他就会露出欣喜的表情。

柯达创始人乔治·伊斯曼是世界上最有名望的商人之一,他发明了感光胶卷,从而使电影成为可能。这也为他积累了上亿美元的资产。

乔治·伊斯曼在曼彻斯特建造了一所伊斯曼音乐学校,还盖了一家著名戏院,以纪念自己的母亲。当时,纽约高级座椅公司的总裁亚当斯想得到这两幢大楼的座椅订货生意。于是,他与负责大楼工程的建筑师通了电话,约定会见乔治·伊斯曼先生。

会见伊斯曼之前,建筑师好心地向亚当斯提出忠告:"伊斯曼先生非常忙,他只给你五分钟的时间,你得抓紧时间把事情说完,如果超过了五分钟,那你将得不到这笔生意。"亚当斯将这番话牢牢记在心里。他敲门进入伊斯曼的办公室时,伊斯曼正伏案处理一堆文件。过了一会儿,伊斯曼抬起头来,说道:"早上好!先生,有事吗?"

建筑师为他们彼此做了引见后,亚当斯满脸诚恳地说:"伊斯曼先生,在恭候您的时候,我一直很美慕您的办公室,假如我能有这样一间办公室,那么即使工作再辛苦我也不会在乎。虽然我是做房子内部木建工作的,但我还从没见过比您这更漂亮的办公室。"

伊斯曼回答说:"感谢你提醒了我,这间办公室的确很漂亮!当初刚建好的时候我对它也是极为欣赏。可如今,我忙于工作,每次来这儿都要处理很多事情,已经很久没有仔细看这个房间了。"亚当斯走过去,像抚摸一件心爱之物那样用手来回抚摸着一块镶板,说道:"这是英国的栎木做的,对吗?英国栎木的组织和意大利栎木的组织有点儿不同。"

伊斯曼道:"是的,这是从英国进口的栎木,是一位专门同细木工打交道的朋友为我挑选的。"接下来,伊斯曼带亚当斯参观了那间房子的每个角落,他把自己参与设计并监造的部分一一指给亚当斯看。他还打开了一个带锁的箱子,从里面拉出了他的第一卷胶片,并向亚当斯讲述他早年创业时的奋斗历程。

伊斯曼情真意切地说到了小时候家中一贫如洗的惨状,母亲非常辛劳,他那时就想挣很多的钱,所以没日没夜地在办公室搞实验等。

"我最后一次去日本的时候买了几把椅子运回家中,放在我的玻璃日光室里。可阳光的照射使之褪了色,所以有一天我进城买了一桶漆,回来后自己动手把那几把椅子重新刷了一遍。你想看看我漆椅子的活儿干得怎么样吗?好吧,请到我家去,我们共进午餐后我漆给你看。"当伊斯曼说这话时,他们已经谈了两个多小时。

吃罢午饭,伊斯曼先生给亚当斯看了那几把椅子,每把椅子的价值最多只有5美元，但伊斯曼却为它们感到自豪，因为这是他亲自动手油漆的。对伊斯曼如此引以为荣的东西，亚当斯自然是大加赞赏。

在离开伊斯曼家时，亚当斯获得了那两幢楼的座椅生意。

**每个人都有不同的优点和可爱之处，赞扬要独具慧眼，发现对方的"闪光点"和"兴趣点"，从新颖的角度赞美将起到事半功倍的效果。**即使没有发现更新的东西，也可以在表达的角度上有所变化和创新，以此满足对方的心理，博得好感，加深彼此情感沟通和心灵默契的程度。

心灵悄悄话

> 赞美是让我们受人欢迎的必备手段，是建立良好人际关系的基石，更是人生成功的良性催化剂。然而在实际操作过程中，有些人在赞美他人时常常因为赞美得不恰当，而给人一种刻意奉承的感觉，最终费尽口舌也无法拉近彼此的距离。

# 赞美的神奇力量

## 赞美,有一种神奇的力量

赞美具有一种神奇的力量,它能改变一个人的命运,令被赞美者对生活充满信心。对于青少年来说,赞美是心灵鸡汤,运用得好,能激发其内在动力,引发兴趣,使其智力得到提升,让智慧之光永久闪耀。

某位妈妈第一次参加幼儿园家长会,心情非常愉悦,她期待着老师夸奖她的儿子,例如,听到"你儿子很乖,非常听话""你儿子太聪明了,学东西很快……"之类的话语。可让她意想不到的是,老师见到她的第一句话就说:"您的儿子有多动症,在板凳上连三分钟都坐不住,您最好带他去医院看一看。"回家的路上,儿子问她:"妈妈,老师都对你说什么了? 她表扬我了吗?"

妈妈鼻子一酸,眼泪差点流下来。因为全班20多个小朋友,唯有他表现最差;唯有对他,老师表现出不屑。

然而,她还是告诉儿子:"老师表扬你了,说你原来在板凳上坐不到一分钟,现在能坐三分钟了。其他同学的妈妈都非常羡慕我,因为全班只有我的宝宝进步了。"

那天晚上,她儿子破天荒吃了两碗米饭,并且没让她喂。

儿子上小学了。家长会上,老师说:"全班40名学生,您儿子在这次数学考试中排第 40 名，我们怀疑他智力有些障碍，您最好带他去医院查一查。"

回家的路上，妈妈流下了泪。然而，当她回到家里，却对坐在桌前的儿子说："今天老师表扬你了，他对你充满信心。他说了，你并不是个笨孩子，而且非常聪明，只要能细心些，会超过你的同桌，这次你的同桌排在第 23 名。"

话说完后，她发现儿子黯淡的眼神一下子充满了光亮，沮丧的脸也舒展开来。她甚至发现，儿子温顺得让她吃惊，好像长大了许多。第二天上学，他去得比平时都要早。

儿子上了初中，又一次家长会。她坐在儿子的座位上，等着老师点她儿子的名字，因为每次家长会，她儿子的名字总是在差生的行列中被点到。然而，这次却出乎她的预料，直到结束都没听到。她有些不习惯。临走时，她去问老师，老师告诉她："按您儿子现在的成绩，考重点高中有点危险。"她怀着惊喜的心情走出校门，此时她发现儿子在等她。

路上她扶着儿子的肩，心里有一种说不出的甜蜜，她告诉儿子："班主任表扬你了，他对你的表现非常满意，说你很聪明，只要努力就有希望考上重点高中。"

高中毕业了。第一批大学录取通知书下达时，学校打电话让她儿子回学校一趟。她有一种预感，她儿子被名牌大学录取了，因为在报考时，她跟儿子说过，她相信他能考取这所学校。

儿子从学校回来，把一封印有某名牌大学招生办公室字样的特快专递交到她的手上，然后转身跑到自己的房间里大哭起来，边哭边说："妈妈，我知道我不是个聪明的孩子，这个世界上只有您最能欣赏我，总是赞美我，鼓励我……"

由此可见，一句赞美的话可以改变一个人的观念与行为，甚至可以改变一个人的命运！一个人也许会因为一句话而积极一生，也可能因为一句话而失去自信，拖沓一生。

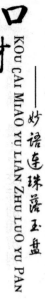
## 赞美对方要言之有物

在这个世界上，人人喜欢赞美，人人需要赞美。**"赞美好比空气，人人不能缺少。"**每个人都有被别人关注、赞美的欲望，掌握了一定的赞美技巧，不但能在工作中帮你提升业务水平，还能改善你的人际关系；在生活中适当利用赞美也会让你受益匪浅。

李小姐是一家国内知名企业的总裁秘书，她讲了一个关于赞美的事例。她说："有三个客人都和我说要见我们的总裁，但前两个没有见着，因为他们赞美的话说得不得体，只有最后一位用恰当的赞美之辞为自己赢得了机会。"

第一个客人说："李小姐，你的名字起得真好。"第二个客人说："李小姐，你的衣服挺漂亮的。"第三个客人说："李小姐，你挺有个性的。你看，你的手表戴在右手腕上，而一般人手表是戴在左手腕的……"

"第一个客人说我的名字起得好时，我心里特想听他说说我的名字好在哪里，结果，那位客人没了下文，令人失望。第二个客人说我的衣服漂亮时，我也特想听听他说我的衣服哪里漂亮，结果也没了下文，说明他们的称赞不够真诚。只有第三位客人具体说出了我的个性所在，他给人的感觉很真诚，是经过认真观察后说出的话，而不是随口说说。所以我把与总裁见面的机会给了他。"

当你称赞一个人"真漂亮""真帅"时，对方心里马上就会有一种期待，想听听下文，"我哪里漂亮？""我到底帅在哪儿呢？"接下来，如果没有具体化的表述，是多么令人失望啊！所以，称赞对方的话，要说得具体些，以满足被称赞人的心理需求。

若想让你的赞美效果倍增，就要学会具体化赞美。具体而详细地说出对方值得称赞的地方,既能让对方直接感受到你的真诚,也能让你的赞美之词深入人心。

只有用心地观察对方,才能说出他的优点,这时你的赞美才会触动对方,甚至产生神奇的效果。

## 赞美的话要因人而异

**一个善于赞美的人会根据不同人的特点说出切合实际的赞美之语。**

一位青年到医院看病时,对医生说:"战争年代,我最佩服军人,他们流血牺牲,保家卫国;和平时期,我最尊敬医生,你们不辞辛苦,救死扶伤,挽救了无数的生命。再有本事的人也有生病的时候,正是医生让他恢复健康,重新奋斗,享受生活的快乐……"他的一番深情表白,使医生为之感动,心里美滋滋的,并以耐心的诊治作为回报。

小李乘出租车时,见司机的态度很冷漠,小李想调节一下气氛,于是开始赞美司机的驾驶技术高超:"这么难拐的弯儿,您一把方向盘都不用修正,还开得这么稳,真是不简单!"司机听后非常高兴,滔滔不绝地和小李聊了起来。最后结账时,还给小李优惠了5元钱。

一位客人在饭店吃饭,看到服务员端上来一盘精致的菜肴,禁不住赞美道:"这萝卜刻的牡丹花像真的一样!"此话传到了厨师那里,那位厨师在客人吃饭结束时亲自出来,非要送他一个萝卜刻的孔雀,说是带回去用水淋淋,能保存好几天。

这位客人没想到自己简单的一句赞美,能有如此收获。一句简单的赞美就可使双方受益,何乐而不为呢!这就要求我们对不同职业的人要用不同的赞美语言。每种职业都有其特别之处,只要你用心观察,认真思考,自然会积累丰富的经验。

**1. 对不同职业、职务的不同赞美法**

董事长——啊！真了不起，这么能干，事业做得这么大！

总经理——真是年轻有为，精明能干！

总工程师——智商高的聪明人，国家栋梁之才啊！

校长——我最佩服既有文化又有领导才能的人了！

教师——燃烧自己，照亮别人，真是人类灵魂的工程师啊……

**2. 对于不同工作单位的人的赞美法**

机关——听说报考公务员的人一年比一年多，考试一年比一年难。能考上公务员的人真是不简单啊！

IBM——世界知名公司啊，只有精英才能进入这种大公司，真是令人佩服，以后有这方面的问题，还得多向您讨教啊！

微软——我听说特别有才能、智商特别高的人才能到微软工作呢，上次我一个很优秀的同学都没能被微软录用。

海尔——中国第一品牌，我听说在海尔工作的人不仅要才华出众，而且人品也得一流。当初你是不是经过严格的考核？要一路过关斩将吧？

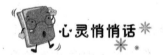

心灵悄悄话

一位智者曾说过：人人都需要被赞美，如果好长时间没人赞美，那么自己就应该赞美自己，这样才能使自己经常保持学习、生活与工作的激情。人们的心灵是脆弱的，需要经常的激励与抚慰，常常自我激励、自我表扬会使自己的心灵快乐无比。

第四篇 赞美是交际的润滑剂

# 赞美是一把双刃剑

赞美他人作为一种沟通技巧，并不是随口说几句好听的话就可以奏效。赞美的话语就像一把双刃剑：赞美得当，能增进人际关系；过分赞美或赞美不当，就会被认为你过于虚伪或别有用心，从而受到质疑，影响你和他人的正常交往。

**赞美应有根据。**赞美并非无中生有，它需要有根有据，有板有眼，这样才会深入人心。

汉高祖刘邦很擅长对有功之臣评功封赏，对萧何尤为赏识。刘邦打败项羽建立汉朝后，论功行赏，认为萧何功勋最为卓著，特封他为"酇侯"，并赐予他很多采邑。对此有些功臣不服气，向刘邦进谏道："臣等亲自披坚执锐、冲锋陷阵，多则打仗百余次，少则几十次，攻城略地，各有其功。萧何未曾有汗马之劳，只会舞文弄墨，发发议论，根本不会打仗，却功居臣等之上，原因何在？"大臣们的发问有理有据，刘邦的回答更是妙语连珠。他问道："你们知道打猎吗？"群臣道："当然知道。"刘邦又问："那你们知道猎狗吗？"群臣不知其意所指，只答道："知道。"刘邦说："打猎时，追杀野兽、兔子的是猎狗，但发现野兽、兔子踪迹，指示其所在位置的是人。现在萧何的功劳就像打猎时的猎人，确定其位置并指点给你们捕捉的方法。况且你们只是自己随我奔走，最多也就兄弟两三人，萧何则是带领全宗族几十人都跟着我，他的功劳是他人难及的。"

很显然，刘邦对萧何的赞赏有理有据，将萧何的功绩一一列了出来，既说明了对萧何的赞赏是对的，也巩固了自己订立的以功行赏的统治制度。

≫ 93

**赞美应有度。当我们在赞美他人时，应把握好尺度，切忌没头没脑地大放颂词，随便说一些恭维的话。**有些时候，如果赞美用词不当，会让人听起来不像赞美，更像是贬低或侮辱。结果自然是事与愿违，不欢而散。

　　小李在某餐厅碰到了自己多年前的女同学，相见时彼此很惊讶，也很高兴，于是相约一同用餐。用餐过程中，小李一直在找话题聊，他想恭维一下女同学，于是说："你现在懂得真多，和你说话很长知识，跟以前比简直是判若两人！"女同学听了很不悦，板着脸说道："怎么，我以前很无知吗？"一顿饭两人吃得索然无味。

　　还有一次，在公司的产品推介会上，产品经理刘梅要做产品推介，作为会议主持人的小李介绍道："这位是我们公司的高级产品经理刘梅女士，她的工作做得非常出色，在业内算是小有名气了。"刘梅听完他的介绍后非常不悦，整场表现得很一般。会议结束后，老板没有批评刘梅，而是批评了小李，说："你是怎么回事，太不会说话了，什么叫'算是小有名气了'，太不尊重同事了，你回去好好检讨一下，还要跟刘梅道歉。"小李最后一句介绍显然是画蛇添足了，虽然也是赞美，但却让听得人很不舒心。

　　由此可见，我们在表扬或称赞他人时，要谨慎小心，注意自己的措辞，赞美最好与所谈的话题有所联系，你要留意在何时以什么事为引子开始称赞对方。对方提及的一个话题，讲述的一个经历，列举的一个数字，或者解释的一种结果，都可以成为你赞美他人的引子。

心灵悄悄话

　　要跟会说话的人多学习，多去倾听别人的说话，西方有句谚语说：上帝之所以给人一个嘴巴两只耳朵，就是要人多听少说。多听，才是最有收获的，不断地丰富自己的内在知识，不断地去学习别人的长处。

# 赞美有方让你更具亲和力

## 谦卑赞美,真诚可爱

　　谦卑,是一种难得的美德,用谦卑之心赞美他人,是真诚而有意义的。承认别人的优势,尊重并欣赏别人的优势,会使你拥有更多的朋友和更多的快乐。

　　欣赏他人的优势。当你面对具有优越心理的人,很难与其交流时,谦卑的赞美就是一块很好的敲门砖。下面是一位讲师自述的一段经历:

　　"芸芸众生,人员素质各不相同,而一旦我们切准听者的脉搏说话,就会使其像小禾吮甘露一样,顿感滋润和妥帖。一次,我为某大医院教歌时,开始,人们对我这个'当兵的'并不'感冒',以至于工会干部在介绍我时,人们似乎根本没意识到我的存在,仍然叽叽喳喳聊个不停,面对这种情景,我拿出喊番号练就的嗓门先说了一句话:'同志们,请大家给我这副陌生的面孔一个礼节性的回报,安静一下。'这一软中带硬的祈使句,使场上立刻静了下来。我接着说:'今天我站在这里,心里很紧张,因为我们这所医院集中了全省医学界学历最深、水平最高的专家和学者,你们在各自的岗位上从事的是拯救生命、延续生命的工作,最讲究争分夺秒,所以,我没有权力用多余的话来浪费大家生命中的每一秒,我的义务是把我支配的这块时间都用于教歌,我希望我们的合作不会留下任何遗憾和不愉快。'一席话说

到了大家的心里,最后人们静静地回到各自的座位上,认真学唱歌曲,再也没有因为维持秩序而耽误时间。"

　　这位讲师针对对方基本素质的状况说话,慷慨而准确地赞赏其优势——学历最深、水平最高的专家和学者,并强调其工作的重要性、崇高性,很容易就令听者接受了他。

　　虚心向他人请教。当一个人的爱好已变为众所周知的长项时,你的赞美和恭维很难起到作用,就如一阵风吹过耳畔一般,在其脑中留不下半点痕迹。这时,如果你能虚心讨教一番,作毕恭毕敬状,他也许会很乐意向你传授其中的"秘诀"。

　　刘言到一位教书法的老师家去做客,一见面就谦虚地说:"张老师,这些年我虽然努力练字,书法水平却提高很小,可能是不得要领,您能不能稍稍泄露点秘诀呢?"张老师听后很兴奋,滔滔不绝地讲起他的书法"经"来:"我最大的体会就是练字'无剑胜有剑',就跟令狐冲练剑一样,不一定整天都要坐在家里练字不可……"老师讲完后,刘言高兴地说:"现在得您'真经',以后我用心练习,一定会大有长进。"老师听了很高兴,临别时还送了刘言几幅字让他回去临摹。

　　肯定他人强项。俗话说:"尺有所短,寸有所长。"细心去观察,你将发现弱者也有其强项,充分肯定它,你将赢得好人缘。

　　迈克尔·乔丹是驰誉世界的篮球明星,他不仅球技高超,而且很会待人处世,尤其善于发现和赞扬别人的优点和长处。

　　为了使芝加哥公牛队连续夺取冠军,乔丹意识到必须推倒"乔丹偶像",以证明"公牛队"不等于"乔丹队"。1个人是绝对战胜不了5个人的,这个浅显的道理常被人们忽视。在训练中,乔丹执意要鼓动起队员们的自信心,变"乔丹队"为5个人的"公牛队"。

　　有一次,乔丹问队友皮彭:"咱俩谁投3分球更好些?"

"你!"皮彭说。

"不,是你!"乔丹十分肯定地说。

乔丹投3分球的成功率为28.6%,而皮彭是26.4%。但乔丹对别人解释说:"皮彭投3分球的动作规范、自然。在这方面他很有天赋,以后还会更好。而我投3分球还有许多弱点!"乔丹还告诉皮彭,自己扣篮时多用右手,或习惯地用右手帮一下。而你双手都行,用左手更好一些。这一细节连皮彭自己都没有注意到。

当时皮彭是公牛队最有希望超越乔丹的新秀,而乔丹却把小他3岁的皮彭视为亲兄弟。他说:"每回看他打得好,我就特别高兴,反之则很难受。"

1991年6月,美国职业篮球联赛的决战中,皮彭夺得33分,超过了乔丹3分,成为公牛队在这个时期的17场比赛中得分首次超过乔丹的球员。这是皮彭的胜利,也是乔丹的胜利。

这个故事告诉我们,如果你能虚心地予以借鉴,将会收获多多。谦逊而诚挚地赞美他人,会使别人扬长避短,更好地发挥其优势;同时,一个谦逊且懂得欣赏他人的人更富有人格魅力。

## 多赞美对方的才能和成就

口才大师卡耐基曾说过:"虽然你喜欢吃香蕉、三明治,但是你不能用这些东西去钓鱼,因为鱼并不喜欢它们。你想钓到鱼,必须下鱼饵才行。"生活在这个社会中,每个人都有自己感兴趣的事物或话题,也都有不同的人生阅历或成就,只是多少而已。聪明的人懂得需找他人的成就或得意之事,并以这些事情为话题,积极主动地赞美对方,以此获得对方的好感。而要想使赞美深入人心,达到理想的沟通效果,就一定要找到打开人心的"钥匙","多谈对方的才能和成就"就是诸多"钥匙"中最闪亮的一把。

赞美他人的才能。一个人是否有才能，除了看他已经表现、正在施展的才能外，还要学会观察他所具备却未发挥的潜在才能。有时，才能不仅仅体现在已获得桂冠的人身上，失败者也可能是才子俊杰。石油大王洛克菲勒就经常赞美别人的才能，他的口头禅是："你干得如此出色。"

洛克菲勒的创业老臣贝特·福特曾因不小心，使其在南美的投资经营惨败。然而，洛克菲勒的态度却使他不胜惊异。洛克菲勒并没有向他询问失败的详细情形，而是充满鼓励地说："好了贝特，我刚刚听说了你在南美的事情。"

贝特本以为洛克菲勒一定会责难自己，就说："实在是一次极大的损失，只保留了很少的一部分投资。"洛克菲勒却说："这已经很不错了。要不是你处置有方，哪能保全这么多呢？你干得如此出色，已经在我的意料之外了。"就在贝特惊讶之余，洛克菲勒接着说："虽然你这次失败了，但是我相信在这件事情上没有人比你做得更好，我正在计划帮助你投资。"

洛克菲勒就是这样赞美一个失败者的。他充分肯定了贝特·福特的才能，不仅给予了其精神上的赞美，还给予了具体的支持。这也是一种激励，其效用远远超过了物质奖励，它能使人形成一种内在自觉的精神。

赞美他人的成就。在赞美他人的成就时，应适当表达出你的佩服之情，以让他人感受到你的真诚。

某年夏天，15岁的辛迪随家人从纽约搬到了洛杉矶，父母给她安排了新的学校。在这个新的环境中，辛迪很不适应，她谁都不认识，不知道怎么融入新同学。为此，她感到很郁闷。

一次课外活动，同学们在一起跳健身操、打排球、打网球，玩得不亦乐乎，只有辛迪独自坐在角落里发呆。老师看到后就问她："辛迪，为什么不和同学一起打球？独自发呆是一件很无聊的事情。"辛迪低着头说："我跟她们都不熟，不知道怎么沟通，她们也没有邀请我。"老师看出了辛迪的苦恼，对她说："你应该主动交朋友，你可以找一个切入点和同学去沟通呀。"

听了老师的话,辛迪觉得有道理,她向网球场走过去。这时正好半场打完,其中一个女同学下场休息,辛迪就对她说:"嗨,你的球打得真好,听说你是去年全校的网球冠军,这真是一件令人羡慕的事情。"那位女同学听了很高兴,擦擦汗说:"噢,是的,我喜欢打网球,你也对网球有兴趣吗? 那就加入我们吧。"就这样,辛迪跟同学打了场愉快的网球赛。

生活中,每个人都渴望得到友谊,希望拥有更多的朋友。但朋友都是由陌生人发展而来,一个甜美的微笑、几句得体的赞美话语、一个礼貌的肢体动作等,都可以让你自然地与他人相识。

心灵悄悄话

　　言语并不见得比写文章容易,文章写得不好还可以修改,而一句话说出来了,要想修改是比较困难的。我们也常感觉到,即使同一个意思,甚至同一句话,会说话的人,能叫你眉飞色舞,不会说话的人,则叫你头昏脑涨。

# 第五篇

## 用幽默装扮你的口才

幽默是生活的润滑剂，它能够驱散身心的疲惫，放松内心世界，使人智慧、乐观地面对生活，使生活多姿多彩，充满乐趣。幽默还有助于人们在社交中形成良好、融洽的人际氛围，拥有良好的人际关系，帮你实现人生的理想。

幽默，是最好的"减压阀"。它不仅能使你心情变得轻松愉快、谈笑风生，而且有助于你交际中左右逢源、马到成功。

当一个人需要把别人的态度从否定变为肯定时，幽默能发挥很强的说服力。

# 展示幽默语言的魅力

会说话的人都懂得使用幽默的语言。在任何场合,拥有良好的幽默口才的人都能赢得他人的好感,获得众多的支持与理解。幽默口才还可以用来毫不留情地反驳他人的攻击,捍卫自己的尊严。**拥有了幽默的口才,我们便拥有了一笔受益终生的无价之宝。**

最会说话的人,会在学习、工作和生活中,游刃有余地展示幽默语言的魅力,令人由衷折服,或者忍俊不禁。

有一次,一位年过半百的贵妇问萧伯纳:"您看我有多大年纪了?"

"看您晶莹的牙齿,像 18 岁;看您蓬松的卷发,有 19 岁;看您扭动的腰肢,顶多 14 岁。"萧伯纳一本正经地说。

贵妇人听了高兴得禁不住跳了起来:"那您能否准确地说出我的年龄呢?"

"请把我刚才所说的三个数字加起来吧!"

美国的作家马克·吐温也很擅长幽默的语言。一次,一位百万富翁在他面前夸耀自己刚装的一只假眼:"你猜得着吗?我哪只眼睛是假的。"马克·吐温准确地指着他的左眼说:"这只是假的。"百万富翁非常惊讶地问:"你是怎么知道的,有什么根据?"马克·吐温说:"因为我看到,只有这只眼睛才有一点点仁慈。"

恩格斯曾经说过:**"幽默是具有智慧、教养和道德的优越感的表现。"**幽默能表事理于机智,寓深刻于轻松,给周围的人带来欢笑和愉快。幽默运用得当时,能为谈话锦上添花,叫人轻松愉快之余又深觉难忘。

在一次中外记者新闻招待会上,一名西方记者向陈毅提出这样一个问题:"最近,中国打下了美制 U-2 型高空侦察机,请问,你们用的是什么武器? 是不是导弹?"对于这样一个涉及我国国防机密的问题,同时为了不使气氛尴尬,陈毅没有以"无可奉告"答复,而是风趣地举起双手在空中做了一个向上捅的动作,以俏皮的口吻说:"记者先生,我们是用竹竿把它捅下来的呀!"与会记者都被陈老总的机智、幽默深深地折服了,随即报以热烈的掌声。

健康的幽默具有以下 4 个方面的作用:

### 1. 幽默能够促进身心健康

包含着人生哲理、妙趣横生的幽默,可令人思想乐观、心情愉快、意志坚定、消除疲劳、注意力集中、培养高尚的情趣。

有一天,著名诗人海涅正在伏案创作,突然听见敲门声,原来是仆人送来一件邮包。寄件人是海涅的朋友梅厄先生。海涅因不停地写作而感到有些疲倦,又因被仆人打断写作思路而显得很不高兴。他不耐烦地打开邮包,撕了一层又一层,终于拿出了一张小小的纸条。只见小纸条上写着短短的几句话:"亲爱的海涅,我健康而又快活! 衷心地致以问候。你的梅厄。"

虽然海涅感到不耐烦,但是这个玩笑还是逗得他十分快乐,疲倦感也随即也消失了。他调整好情绪后,决定对他的朋友也开一个玩笑。

过了几天,梅厄先生收到了海涅的一个邮包。邮包非常沉重,以至于他无法把它带回家。他只好雇了一名脚夫帮他扛回家去。到家后,梅厄打开了沉重的邮包,惊奇地发现里面居然是一块大石头。石头上有一张便条,上面写着:"亲爱的梅厄! 看了你的信,知道你又健康又快活,我心上的这块大石头落地了。我把它寄送给你,以表示永远纪念我对你的爱。"

### 2. 幽默可以带来友善的人际关系

友善的幽默能够表达出人与人之间的真诚、友爱,拉近人与人之间的距离,是与他人建立良好人际关系的不可或缺的东西。尤其是当一个人要表达内心的不满时,若能使用幽默的语言,别人听起来就会顺耳一些。当一个人需要把别人的态度从否定变为肯定时,幽默能发挥很强的说服力。**当一个人和他人关系紧张时,一句幽默的话也可以使双方从容地摆脱窘境或消除矛盾。**

一天,英国著名的文学家萧伯纳在街上行走,被一个骑自行车的冒失鬼撞倒在地上,幸好没有受伤,只虚惊了一场。骑车的人急忙扶起他,连连道歉,可是萧伯纳却惋惜地说:"先生,你的运气真不好,要是把我撞死了,你就可以名扬四海啦!"

萧伯纳的这一句妙语,用自己的友爱和宽容,把他和肇事者双方从不愉快的、紧张的窘境中解放出来,使这件事故得到了友好的处理。

又有一次,萧伯纳的脊椎骨有病,去医院检查。医生对萧伯纳说:"可以从你身上其他部位取下一块骨头来代替那块坏了的脊椎骨,"并且说,"这个手术很困难,我们从来没有做过。"医生的实际意思是,这次手术所要收取的费用非同一般。

萧伯纳并没有与医生争论,也没有表示不满、失望,而是幽默地淡淡一笑说:"好呀! 不过请告诉我,你们打算付给我多少手术试验费?"

一个很棘手的问题,被萧伯纳处理得极为巧妙,从而避免了不愉快的争执。

### 3.幽默具有自我激励的作用

幽默可以增强我们的活力。从幽默中汲取力量,我们可以应付任何困难,摆脱种种烦恼。不懂幽默的人,很难懂得调节情绪的方法,导致其所遇到的困难会越来越多,其情绪也最容易消沉。面对困难重重的人生,我们应该训练和学会自己的幽默感。

法拉第是近代电磁学的奠基人。但当时,理解电磁理论及其广阔用途的人并不多。于是,误解难免会产生。有一次,法拉第在作完电磁感应理论的

演讲以后，一位贵妇人有意挖苦他说："教授，你讲的这些东西有什么用处呢？"法拉第诙谐幽默地说："夫人，你能预言刚生下的婴儿有什么用吗？"

在关键的时刻，幽默可以避免正面冲突，以积极向上的态度，以乐观的情绪，以迂回的方式去面对困境。如果法拉第正面回答问题，那还是很难得到肯定和理解的；如果正面去对抗，就更加容易招致怨恨，使沟通和交流中断；如果回避问题，那么他的理论永远也无法让别人信赖。但是，他以一种幽默的思考方式，去启示对方，让对方以发展、宽容的眼光来对待眼前的现实，同时也增强了自己的信心和勇气。

爱迪生致力于发明白炽灯泡时，有人取笑他说："先生，你已经失败了1200次了。"爱迪生回答说："我的成功之处就在于发现了1200种材料不适合于做灯丝！"说完，他自己纵声大笑起来。这句妙语后来举世皆知。爱迪生以笑容和幽默面对困难重重的科学发明事业，不断地激励自己，既不为失败而忧心忡忡，也不为世人的讽刺挖苦而感到焦虑不安，最后终于发挥出卓越的创造力。

**4. 幽默能够化解困境。**

**懂得幽默能从危险的处境中脱身，巧妙轻松地解决问题。**

有一天，德国诗人歌德在公园里漫步。在一条只能通过一个人的小道上，他迎面遇到了一个曾经对他的作品提出过尖锐批评的评论家。这位评论家对他高声喊道："我从来不给傻子让路！""而我则相反！"歌德一边说，一边满脸微笑地让在一旁。歌德的这一应对方式，在后世传诵甚广。他所运用的幽默，有一些像中国太极拳中"以柔克刚"之道。

有一位绅士在餐馆里进餐，忽然发现汤里有一只苍蝇在菜汤里。他扬手招来侍者，冷冷地讽刺道："请问，这东西在我的汤里干什么？"侍者弯下腰，仔细看了半天，回答道："先生，它是在仰泳！"餐馆里的顾客被逗得捧腹大笑。在这种情况下，无论侍者如何解释、道歉，都只能受到尖锐的批评，甚至会引起顾客的愤怒。但是，幽默帮了他的忙，把他从困境中解救了出来，使紧张气氛得以缓和。

还有一则很有意思的故事：有一条狗疯狂地扑向农夫，农夫终于忍无可忍，用粪叉打死了那条狗。狗的主人告到法院，向农夫索赔损失。

法官说："你如果把叉子倒过来，用没有尖刺的那一头，不就没这事儿了吗？"农夫回答道："您说得很对，法官先生，如果那条狗倒着向我扑过来，我会这样做的！"结果农夫被宣判无罪。

当碰到紧急而又棘手的问题时，知道机智应变，恰到好处地说一句幽默的话，能使你转危为安。

幽默能够迅速消除人与人之间的陌生感，并为说话者增添魅力。通常，幽默是将生活中各种令人烦恼的问题以轻松诙谐的语言表达出来。要想在工作中给人留下良好的印象，运用幽默的力量很有帮助的。

使用幽默也要因人因地而异，对于长辈、女性、初次相识的人，幽默一定要慎用。使用幽默还要注意"度"，一旦过了"度"，很可能就会被对方误解为取笑与嘲讽，造成双方关系的不良后果。

**幽默的人生，是充满无穷乐趣的人生。善于运用幽默的语言，会令我们的工作、生活更为丰富和快乐。**

心灵悄悄话

幽默是轻松中的深刻，是调节为人处世的"调和剂"。一句幽默的话，不但能够化解紧张的气氛，而且能显示出你的机智和宽容。

# 幽默是人际关系的润滑剂

**幽默是人际关系的润滑剂，它能使自己或他人得到愉悦。有人说，培养幽默感是人生的重要课程，幽默的话语可以拉近人与人之间的距离，增进人际关系。**

用幽默维持友谊。在人际交往中，幽默是人与人心灵之间快乐的天使。拥有幽默，就等于拥有了爱和友谊。凡是具有幽默感的人，他所到之处都将是一片欢乐和融洽的气氛。恰当地运用幽默，会使你的人际关系更加和谐，人脉更加旺盛。

某年，西方一位大人物因受当局迫害不得不离开自己的国家。他走得非常匆忙，临行时，他给自己的知心朋友写了一封信，信中写道："亲爱的朋友，离开你使我很痛苦，我真想把你打包到我的行李中去。"

把人打包到行李中去，这显然是不可能的。这位大人物与自己的朋友开了个玩笑，显示出了两人的珍贵情谊，更体现了这位大人物的幽默和风趣。

幽默可以平息他人怒气。现实生活中，有的人很容易发怒，这时候，幽默就是平息怒气最好的方法。

一位作家要去旅行，在去往目的地的火车上，他十分困倦，打算睡上一觉，但又怕坐过站，于是就把列车员叫过来，对他说："我实在太困了，想睡一下，麻烦你到站时把我叫醒。""好的。"列车员答应道。作家紧接着又说："我这人非常嗜睡，而且有起床气，当你叫醒我时，我可能会大声抗议。不过，无论如何你只要把我弄下车就行了。"列车员听完后表示同意。随后，作家沉沉地睡着了。

　　一觉醒来，正值半夜时分，作家马上意识到列车员忘记叫醒他，他坐过站了。作家非常生气，找到列车员，冲他大声吼道："我现在非常生气，我有生以来还没有发过这么大的火！"列车员心平气和地望着他说："您现在的火气还没有我在上一站推下去的那位乘客的一半大呢！"

　　列车员的幽默让那位坐过站的作家在快乐中原谅了他的粗心大意。

　　用幽默赢得他人尊重。与人打交道时，有的人听不得半点"逆耳忠言"，只要别人的言语稍有不恭就会大发雷霆，这样做其实是错误的。这不仅无法赢得他人的尊重，反而会让人觉得你不宜相处。下面我们来看看美国幽默作家霍尔摩斯是如何处理这种情况的：

　　有一次，霍尔摩斯出席一个会议，他是与会者中身材最为矮小的。"霍尔摩斯先生"，一个人脱口而出，"您站在我们中间，是否有'鹤立鸡群'的感觉？"霍尔摩斯反驳了他一句："我觉得我像一堆便士里的铸币。铸币面值10便士，但比便士体积小。"话音一落，周围的与会者都向他投来了赞赏的目光。

　　就这样，霍尔摩斯先生以其幽默的回答化解了自己的尴尬，回击了对方，同时也赢得了他人的尊重。

## 学会让幽默为你说话

　　幽默是一种最生动的语言表现手法。与幽默的人相处、谈话是非常有趣的事。如果与人发生争执，或是各自坚持自己的意见，幽默常常可以助人立于辩论的不败之地，并且化争执为会心一笑。

　　**辛辣风趣的幽默，虽不同于严密的理论与辩驳，但因同样具有真实性、威慑力以及逻辑性，所以它仍有着很强的辩论力量。**也就是说，在辩论中，幽默虽然既无辩论过程，也没有反驳的模式，却能以诙谐逗趣的方式暗示事物的本质，借此达到明辨是非的目的。因此，在辩论过程之中，幽默常常能发挥"证明"与"反驳"所无法达到的作用。

第二次世界大战结束后，远东国际军事法庭在开庭审判 28 名日本甲级战犯之前，美、中、苏、英、加、法、新、荷、印、菲 10 个参与国的法官们曾因排定法庭座次而展开过一场激烈的争论。

当时，除庭长韦伯法官的席位不容置辩之外，庭长右手边的座位属于美国法官似乎也已成定论。然而，庭长左手边的座位该属于哪国法官，大家却各执一词。因为坐在庭长身边的法官，不仅可以随时与庭长交换意见，同时也意味着该法官所在国在审判中的地位。按理来说，中苏法官应安排在庭长左手边的第二把交椅，可由于当时中国的国力并不强，因此被各强权国所否定。在这种情况下，唯一出庭的中国法官梅汝璈，便面对列强展开一场机智的舌战。

梅汝璈首先从正面阐明，座次安排应按日本投降时各受降国的签字顺序加以排列，这是唯一正确的原则立场。因为审判日本战犯一事中，中国受日本侵害最重，并且抗战时间最久，所付出的牺牲最大，所以有八年浴血抗战历史的中国理应排在第二。再者，没有日本的无条件投降，便没有今日的审判，所以按各受降国的签字顺序排座，实属顺理成章。

接着，梅汝璈话锋一转，微微一笑，说："当然，如果各位不赞成这个办法，我们不妨找一个体重计，然后依照体重安排座位，体重重者居中，体重轻者居旁。"

各国法官听了全都忍俊不禁。庭长笑着说："你的建议很好，但它只适用于拳击比赛。"

梅法官接着说："如果不以受降国签字次序排座，最好就依体重排座，因为这样即使我被排在末位也心安理得。而我也可以对我的国家有所交代，一旦他们认为我不该坐在角落，至少还能另派一名比我胖的人来替换我。"

此番回答引得法官们大笑起来。毕竟，在举世瞩目的国际法庭上，法官座次要是真的按照体重加以排定，岂不是天大的笑话！而梅汝璈正是利用这样的玩笑，达到了自己的目的。

在辩论中反驳对方，有时舍弃锋芒毕露、相互抨击的语言，改用风趣含蓄、诙谐生动的语言，反而会收到更好的效果。

汉朝时，汉武帝晚年希望自己能长生不老。一天，他对侍臣东方朔说："相书上说，一个人鼻子下方的人中越长，寿命就越长，人中长一寸，就能活100岁。不知是真是假？"

东方朔听了此话，知道皇上又在做长生不老的梦，所以脸上露出一丝讥讽的笑意。而皇上眼见东方朔似有讥讽之意，不悦地说："你居然敢笑话我？"

此时，东方朔摘下帽子，毕恭毕敬地回答："我怎么敢笑话皇上呢？我是在笑彭祖的脸太难看了。"

汉武帝问："你为什么笑彭祖？"

东方朔说："据说彭祖活了800岁，如果真像相书所说，'人中一寸就活100岁'，彭祖的人中就该有8寸长，那么他的脸岂不是太难看了吗？"汉武帝一听，不免也哈哈大笑起来。

在这个历史故事中，东方朔以幽默的语言，借助笑话彭祖来讽谏皇帝，整个批驳过程机智含蓄、风趣诙谐，也让正在怒气中的皇帝转怒为喜，并且愉快地接受讽谏。

**当然，幽默不一定都用在化解敌对的争吵和攻击，有时也可用在轻微的诙谐谈笑风生中。这时，巧用幽默，既能达到驳斥对方观点的目的，还能营造和谐友好、轻松愉快的氛围。**

心灵悄悄话

与人交往，不可刚一见面就表现得仿佛相交多年似的，更不要说话口无遮拦，太过随意。这种人际交往上的"揠苗助长"倾向，常会导致彼此的关系早早"夭折"，迅速"死亡"。

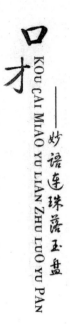

# 不伤别人不伤自己的幽默

## 自嘲也是一种幽默

**自嘲，一向被视为幽默语言艺术的最高境界。一个善于自嘲的人，往往是一个乐观、豁达、超脱的人。**他们富有情趣和智慧，勇敢且坦诚。实际上，得体的自嘲既不会伤害自己，也不会伤害别人，是人际交往中最为安全的沟通方式。

自嘲需要智慧。约翰·卡尔文·柯立芝是美国第三十任总统。他以少言寡语出名，常常被人们称作"沉默的卡尔"，也有人戏称他"看上去像从盐水里捞出来的"，意在嘲笑柯立芝做人缺乏趣味，选他当总统是美国人民的失策。对此，柯立芝自我解嘲说："我认为美国人民希望有一头严肃的驴子做总统，我只是顺应了民意而已。"他以这种风趣地自嘲方式婉转地回击了对方的话。

在总统任期届满时，柯立芝发表了声明："我不打算再干这个行当了。"媒体以为柯立芝话里有话，于是纠缠不放，一定要问个明白。实在没有办法，柯立芝把一位记者拉到一边，悄悄地对他说："因为当总统实在没有提升的机会。"

柯立芝不仅惜字如金，善于自嘲，嗜睡也是出了名的。他每天睡觉的时间最少 11 个小时，早上要睡到八九点，中午还得睡午觉，午觉一气儿就能睡到下午5点，然后还可能会去看个电影，这使其堪称美国历史上最悠哉的总统。有一次，因为实在是有急事，白宫的一个工作人员不得不把柯立芝从午睡中叫醒，结果柯立芝很不高兴，认为这是小题大做，但还是嬉笑道："美国是不是还在啊?"

这就是"沉默的卡尔"柯立芝，也正是这位很少说话、经常自嘲，又极爱睡觉的总统，赶上了美国历史上发展迅速的一段时期，而这段时期被称作"柯立芝繁荣"。

**自嘲是一种智慧，它能让一个人主动放大自身不足时，使对方认为大可不必如此小题大做。** 自嘲并非委曲求全，而是一种以退为进的策略，掌握了这种策略，就能让你在人际交往中占据上风。

自嘲是幽默的最高境界。一位将军患有谢顶之疾。在一次宴会上，某位年轻的士兵不慎将酒泼洒到了将军的头上，顿时全场鸦雀无声，士兵惊骇而立，不知所措。倒是这位将军打破了僵局，他拍着士兵的肩膀说："兄弟，你以为这种鸡尾酒会对我的谢顶有治疗作用吗?"全场顿时爆发出笑声。人们心中紧绷的弦松弛了下来，而将军的大度和幽默也博得了士兵们的尊敬与爱戴。

英国作家杰斯塔东是个非常胖的人，由于"体积"过大，行动往往不太方便，但他却不以胖为耻。有一次，他对朋友说："我是个比别人亲切三倍的男人。因为每当我在公共汽车上让座时，便足以让三位女士坐下。"每当杰斯塔东说起这句话时，就会营造出一种轻松愉快的谈话氛围，同时也为他带来了高度的自信。

幽默能使人感到轻松愉快，有助于沟通，而自嘲则被看作是幽默的最高境界。自嘲可以用来活跃气氛，增加人情味;也可以稳定情绪，赢得自信;同时还会被作为拒绝之辞，保全交际双方之间的情谊。

## 幽默拒绝，不伤感情

**拒绝是一种处世态度，不懂得拒绝会让人受到很大的伤害，有时伤害的是你自己，有时则是你周围的亲朋好友。** 在拒绝他人时，如果能采用幽默的语言，委婉地告诉对方你不想这么做，更易使对方感觉到你的善意和真诚，使其愉快地接受你的拒绝。这种方法既能避免让对方难堪，也能轻松地转移对方因被拒绝而产生的不快感。

用幽默避免拒绝尴尬。拒绝是一门学问和艺术，能体现出个人的品德、性情和修养。用幽默的话语拒绝对方的不合理要求，既能显示出自己的睿智、大度，又能免得让对方尴尬。

罗斯福在当选美国总统之前，曾任美国海军部部长。一天，一位朋友向他打听海军在加勒比海的一个小岛上建立潜艇基地的计划。罗斯福想了想，然后向四周看了看，压低声音问他的朋友："你能保密吗？"对方信誓旦旦地回答："能，我一定能。""那么，"罗斯福微笑着说，"我也能！"听到这里，两个人不约而同地大笑起来。

罗斯福不好正面回绝老朋友，就绕过问题，不露痕迹地表达了拒绝的理由，最终幽默地"化解"了对方的要求，这使他既在朋友面前坚持了不能泄露秘密的原则立场，又没有使朋友陷入难堪境地。

拒绝言辞要恰当。当我们采用幽默的方式拒绝他人时，首先言辞要恰当，既要把自己的意思表达清楚，让对方没有心存幻想的余地，又不要太不近人情。

启功先生是我国著名的书法家，在 20 世纪 70 年代末，向他求学、求教的人实在是太多了，以至于启功先生住的地方终日脚步声和敲门声不断。

对此启功先生不得不自嘲："我真成了动物园里供人参观的大熊猫了。"

有一次，启功先生病了起不来床，又怕有人敲门，就在一张白纸上写了四句话："熊猫病了，谢绝参观；如敲门窗，罚款一元。"

此事被著名漫画家华君武先生知道后，就专门画了一幅漫画，并题云："启功先生，书法大家。人称国宝，都来找他。请出索画，累得躺下。大门外面，免战高挂。上写四字，熊猫病了。"

后来，这件事又被启功先生的挚友黄苗子知道了，为了保护自己的老朋友，他就用"黄公忘"的笔名写了《保护稀有活人歌》，刊登在某知名报刊上，歌的末段是："大熊猫，白鳍豚，稀有动物严护珍。但愿稀有活人亦如此，不动之物不活之人从何保护起，作此长歌献君子。"呼吁人们真正关爱老年知识分子的健康。

从这件事可以看出，不论你处在生活的哪个位置，拒绝都是必要的经历。上面启功先生的拒绝是不得已而为之，因为他的身体实在支撑不起。同是拒绝求人者，不同的拒绝方式会给人不同的感受，幽默风趣地拒绝更容易使人接受，这也是一种艺术。

心灵悄悄话

　　两个人对话时，目光不免会经常接触，而从对方的目光中，很容易察觉对方的想法。如果对方目光有神地望着你，至少他是在注意听你说话；如果对方目光四处游移，一副心不在焉的样子，他可能是对你讲的话题不感兴趣，这时我们便要适时地将话题转到能够引起对方兴趣的方面。

# 让你的人生充满幽默的智慧

## 懂幽默,生活更快乐

**幽默是一个相当热门的话题,幽默到底是什么,学术界并没有明确一致的解释。幽默来源于生活,是学来的。**在人际交往中,我们常常可以发现,幽默感强的人最易受人们的欢迎。因为幽默会令人魅力十足,为第一印象加分;幽默会令人机智风趣,为你的话语增添生命力;幽默会令人开朗乐观,让你永远保有为梦想拼搏的动力。不得不说,幽默无处不在,它就像鲜花一样盛开在我们生活的每一个角落,为我们的人生增添美丽和芬芳。

幽默可以调节心理。在人生道路上,挫折和失败是很难避免的,如果不能坦然面对,就会被紧张和焦虑所困扰。如果你懂得幽默,就能随时间和环境的变化不断调节自我的心理,逐步减轻生活中各种意外带来的痛苦。

卡森斯是一个作家。在一次任务繁重的国外旅行回来之后,他患上了严重的疾病,导致行动困难。医生诊断说他很难康复,对此他痛苦不堪。经过深思熟虑后,卡森斯决定自己负责一部分的治疗工作,其中就包括幽默治疗。

卡森斯从医院搬了出来,住进了一家幽默旅馆。一次,在他看完一部喜剧作品之后,他发现自己竟然可以自然而无痛苦地睡上两个小时,而且病症也大大减轻了。后来,通过幽默疗法,再配合饮食营养,他逐渐恢复了健康,又享受了十几年健康快乐的生活。

幽默可以拉近人与人之间的距离。具有幽默感的人通常人缘都比较好,友善的幽默可以在短时期内缩短人与人之间的距离,填平人与人之间的鸿沟,从而快速建立良好的人际关系。

幽默是说服他人的妙方。幽默具有很强的说服力,当我们想把别人的态度从否定改变为肯定时,幽默可以帮你说服对方。

**幽默就是一种力量,在悲伤的时候,它可以帮你快乐起来,笑对人生。**幽默更是一种高雅的语言艺术、一种高贵的品质,它不仅可以调节沟通中的气氛,还可以消除沟通中的疲劳感。同时,它还可以让人身心健康、延年益寿。


## 笑看芸芸,洞察智慧

幽默是一种思想的健美操,是经过长期的思想锻炼的结果;幽默是一种文化的积淀,是达到一定层次文化水准的体现;幽默是一个人整体素质的组成部分,是一个人的精神世界、道德情操、文化修养的写照。总而言之,**幽默是人类特有的天赋,因为它与人类智慧是相伴相生的。恰如文学家契诃夫所说:"不懂得开玩笑的人是没有希望的人。这样的人即使额高七寸——聪明绝顶,也算不上真正的有智慧。"**

一个来自俄亥俄州名叫布劳德的人,在拜见林肯总统时,曾陷入了难堪的境地。当他们正在谈话时,有一队卫兵站在白宫门前等候林肯出来训话。林肯请布劳德和他一起往外走,并继续和他亲切地交谈着。按常规来说,当林肯走到回廊时,卫兵们应齐声欢呼。

当对此事浑然不知的布劳德并排和林肯走至回廊时,一名副官走到布

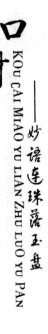

劳德面前,嘱咐他退后几步。对此布劳德感到很尴尬,也很抱歉。

林肯马上接着说:"布劳德先生,你得知道,他们是怕分不出谁是总统!"在那难堪的瞬间,林肯以他的善意和幽默挺身出来解围。他只拿自己开了一个小小的玩笑,便打破了一个窘迫的局面。

幽默的价值在于使人怡然自得,从而博得人们的好感。像林肯一样,许多领导者都以善于逗人欢笑而著称于世。幽默已成为他们公认的驭人策略之一了。

南非前总统曼德拉在自己获得"卡马勋章"的大会上发表了一篇获奖感言,开场白中他幽默地说道:"这个讲台是为总统们设立的,今天我这个退休老人上台讲话,抢了总统的镜头,我们的总统一定很不高兴。"话音一落,笑声四起。

笑声过后,曼德拉正式发言。当讲到一半时,他发现讲稿的页次乱了,不得不停下来整理。这本来是件尴尬的事情,但他却不以为然,一边整理一边脱口而出:"我把讲稿的次序弄乱了,你们要原谅一位老人。不过,我知道有一位总统,在一次演讲的时候也曾把讲稿的次序弄乱了,但他却不知道,照样往下念。"整个会场又是一片欢笑声。

幽默是一种智慧,能体现个人智慧的幽默才称得上语言艺术。它能将语言的艺术魅力充分体现出来,让人们最大限度地发挥对人和事物的联想与想象。这样的幽默才具有艺术性,才是真正有价值的。

 心灵悄悄话

许多人的喜怒哀乐都是写在脸上的,即使是一个深沉的人,从脸部表情的变化中也多少可以看出一些端倪来。例如,两方代表团对坐于谈判桌前,在后排的人士中,就有人是专门解读对方表情变化的。

# 幽默推销自我，轻松得人赏识

在如今商业化的社会中，生活与工作压力非常大，积极推销自我的人越来越多。虽然能力的高低是让人脱颖而出的决定性因素，但推销方法的高明与否也是非常重要的。很多人才华横溢却苦于没有展示的机会，不能引起他人的注意，从而被埋没。**要想得到别人的赏识，自我推销和自我表现是非常重要的，而如果在自我推销的过程中加入幽默的成分，相信会收到意想不到的效果。**

徐辉是一名刚毕业的大学生，他学的专业是软件开发，当下他急于找到一份薪水不错的工作。一天，他跑到一家知名的IT公司去应聘。

徐辉敲了敲人事部的门，得到允许后默默地走了进去，他抬头看着人事经理问道："您好先生！请问你们需要招聘软件开发人员吗？"

人事经理头也不抬地说："不需要。"

"那你们需要开发助理吗？"

"不需要。"人事经理依旧没抬头。

"那你们需要网管吗？"徐辉不死心地问。

"不需要，不需要，我们什么人都不需要，请你离开。"人事经理站起来愤怒地喊道。

"那么，你们一定需要这个东西。"徐辉拿出一块精致的牌子，上面写着：额满，暂不雇用。

人事经理愣了一下，觉得眼前这位小伙子很有意思，于是马上向公司老板推荐了他。随后，他笑嘻嘻地对徐辉说："明天来上班吧，职位是软件开发员。"

　　徐辉真是个聪明的小伙子,他巧妙地用幽默推销了自己,打破了僵局,找到了称心如意的工作。可以说,推销自己其实就是一次全面展示自己才学、品行、智慧的过程,但要说明一点,这和自吹自擂是完全不同的,青少年在推销自己时要注意将这两者区分开来。

心灵悄悄话

　　与人交谈时,若对方不住地看手表,显然是要告辞了;学生在考试时,咬着笔杆望着天花板,很有可能是遇到难题了。这些日常生活中常见的例子,都属于肢体语言的运用,也都是一种非语言传播。

# 第六篇

## 投其所好　因人而异

　　人有共性，又有个性。如果能针对人们的共性心理切入交际活动，那么要想获得满意的交际效果就不难了。投入和回报总是要对等的，你能投人所好，别人才有可能给你期望的回报。

　　每一个人都有自认为得意的事情，这件事情的本身究竟有多大价值暂且不论，但在他本人看来，却是一件值得终生纪念的事。我们在与别人打交道的时候，一定要尊重对方的兴趣和爱好，这样更有助于建立良好的人际关系，正所谓"酒逢知己千杯少，话不投机半句多"。懂得投其所好往往能带来意想不到的效果。

# 让你们的谈话大获成功

## 说话时要为对方着想

"一个巴掌拍不响""剃头挑子一头热",如果谈话时只顾自己讲话,那就不叫交谈,变成独角戏了,最终效果可想而知。

某文艺编辑曾讲过这样一件事情。他要向一位名作家约稿,然而该作家非常难合作,各报社的编辑对他都大伤脑筋。因此,这个编辑在见面前已相当紧张。一开始果不出所料,怎么都谈不拢。作家一味说"是吗……""也许是吧""这我还真不清楚",闹得这位编辑很是头痛,只好改天再来。

第二次去拜访时,他把几天前在一本杂志上看到的有关该作家作品近况的报道搬出来,说:"您的大作最近要翻译成英文,在美国出版了?"作家见对方如此关心自己,就很感兴趣地听下去。编辑又说:"您的写作风格能否用英文表现出来?"作家说:"就是这点令我担心……"他们就在这种融洽的气氛中继续谈了下去。本来已不抱希望的编辑,此时又恢复了自信,获得了作家答应写稿的允诺。

没有人会喜欢一个谈话时只讲自己而不关心对方的人。人们只愿意和那些与自己有共同话题的人交往。

耶鲁大学文学教授威廉莱亚·惠勒普斯在《人性》这篇论文中这样

叙述：

我在6岁那年，有一个星期六去斯托拉多姨妈家度周末。记得傍晚时分，来了一个中年男子。他先和姨妈谈了好一会儿，然后便走近我面前和我说话。当时我正迷着玩小船，整天抱着小船爱不释手。刚开始我以为他只是随便和我聊几句，没想到他对我说的全是有关小船的事。等他走了以后，我还念念不忘，对姨妈说："那位先生真了不起，他懂得许多关于小船的事，很少有人会那么喜欢小船。"

姨妈笑着告诉我，那位客人是纽约的一位律师，他对小船根本没有研究。我不解地问："为什么他说的话都和小船有关呢？""那是因为他是一位有礼貌的绅士，他想和你做朋友。知道你喜欢小船，所以专门挑你喜欢的话题和你说。"姨妈笑着告诉我其中的道理。

如果能把这种说话技巧应用到销售中，将更能起到意想不到的作用。

在日常生活中，一到周末，我们常会看到许多青年男女伫立于街头，他们中间有不少人是等待情侣相会的。这时有两个擦鞋童，正高声叫喊着以招徕顾客。

其中一个说："请坐，我为您擦擦皮鞋吧，又光又亮。"

另一个却说："约会前，请先擦一下皮鞋吧。"

结果，前一个擦鞋童摊前的顾客寥寥无几，而后一个擦鞋童的喊声却收到了意想不到的效果，一个个青年男女都纷纷要他擦鞋。

我们听到第一个擦鞋童的话，尽管他的话礼貌、热情，并且附带着质量上的保证，但这与此刻青年男女们的心理差距甚远。因为，在黄昏时刻破费钱财去"买"个"又光又亮"，显然没有多少必要。人们从这里听出的是"为擦鞋而擦鞋"的意思。而第二个擦鞋童的话就与此刻男女青年们的心理非常吻合。"月上柳梢头，人约黄昏后"，在这充满温情的时刻，谁不愿意以清清爽爽、大大方方的形象出现在自己心爱的人面前？一句"约会前，请先擦一下皮鞋吧"真是说到了青年男女的心坎上。可见，这位聪明的擦鞋童，正是传送着"为约会而擦鞋"的温情爱意。一句"约会前，请先擦一下皮鞋吧"一下子就抓住了顾客的心,从而大获成功。

## 学会与对方寒暄

一般来讲,寒暄是推销员与顾客进行沟通的第一关,寒暄得当,推销的第一道门也就应声而开,如上某公司或某顾客家,当双方交换名片之后,在对方说一声"请坐"之后坐下,坐下之后先不要急于将对方的名片装进口袋,而应放在自己座位前面的茶几或桌子上,以便于利用这段时间记住对方的职务和姓名。

有时候对方会主动找话题,在这种情况下只要顺着对方的话题发挥就是了。但一般来讲应该自己先开口,譬如:

"打扰百忙之中的您,真不好意思。"

如果事先没有预约则可说:"也没有事前跟您打个招呼就来了,很对不起。"

接下来说一些关于时节之类的客套话,或祝福对方事业兴旺之类的祝愿的话等。

不过上述开场白如果运用得不恰当的话则很容易闹出麻烦来,所以新手最好别用,等有了经验之后再用。

除非对方催促或没有时间,否则开场白仅用三言两语就草草了事的话效果并不一定好,在双方气氛尚未融洽之前进入主题的话,效率也一定很低,所以不能操之过急。

相互问候之后进入商业谈判之前往往有一个"冷场"的时间,如何处理好这段时间较为困难,如果把见面时的开场白作为谈话的第一步战略,那么这个时间的谈话就算是第二步战略了。这时,要尽快地引出让对方很感兴趣的话题,这对于谈判的成功是相当重要的。

访问之前,如果你搜集了对方的有关资料,为第二步战略做好充分准备的话,谈话时就可以得心应手、滴水不漏,若没有掌握对方这方面的资料也不知道对方的兴趣、爱好或经历，则一定要千方百计地想办法寻找到共同的话题。例如，称赞茶、咖啡等饮料味道好，办公用具高雅别致，椅子沙发舒适大气等。当你说"你的沙发真有点总经理的派头"时，对方会微微一笑，觉得你这个人挺有意思的。墙壁上如果挂有匾额或字画的话，就可问："您喜欢字画吗？"总而言之，只要认真观察琢磨，周围可做话题的实在很多。

电视新闻、体育比赛也可以作为话题。譬如在世界杯期间，可问对方："您喜欢看足球吗？"如果对方回答"喜欢"，则可以进一步问："您喜欢哪一支球队？"进而还可拿昨天比赛的胜负做话题。

对方可能是球迷，也可能因昨天自己喜欢的那支球队输了球而心情不佳，也有的人可能因工作繁忙或者没有兴趣而对体育比赛漠不关心，所以自以为是地乱发挥是不行的。聊天时要注意观察对方的表情及反应，若对方不感兴趣则要及时变换话题。

初次见面就谈得投机的话接下来就比较顺利了。一般说来这种情况下应说一些高兴的事，不要讲一些令人丧气的事。如果对方天南地北地说个不停，那你就要好好听着，再根据时间及情况，顺理成章地把话题转入正题。

心灵悄悄话

在听演讲时，或在听别人谈话时，随时都可以听见展现人类智慧的名言或是谚语。把这些佳句记在心中，抄在纸上，久而久之，你谈话的题材和内容就越来越丰富有趣了，你的口才自然就越来越精进了。

# 满足对方心理的语言艺术

## 从对方得意的事情打开"话匣子"

**每一个人都有自认为得意的事情,这事情的本身究竟有多大价值暂且不论,但在他本人看来,却是一件值得终生纪念的事。**你如果能预先打听清楚,在有意无意之间,很自然地讲到他得意的事情,只要他对你没有厌恶的情绪,只要他目前没有其他不如意的刺激,在情绪正常的情况下,他一定会很高兴听你说的。

但你在说的时候也要注意技巧,表示敬佩,但不要过分推崇,否则反而会引起他的不安。对于这件事情的关键,要慎重提出,加以正反两方面的阐述,使得他认为你是他的知己。到了这种境地,他自会格外高兴、自会亲自讲述,你该一面听,一面说几句表示赞赏的话,如此一来,即使他是个内向冷静的人,也会变得和蔼可亲。

不过,对方得意的事情要从哪里去探听,是需要下一番工夫的。询问你的朋友之中是否有与对方有交往的人,如果有,向他探听当然是最容易的。你如能留心报纸上的新闻或其他刊物,平日记一些关于对方的得意事情,到时便可以信手应用。此外随时留心交际场中的谈话,像这些时候谈到对方得意的事情,也是很平常的事。但必须注意,对方得意的事情如果曾遭受某种打击而消泯,那就千万勿再提起,以免引起对方不快,反而对你不利。对方在高兴的时候,你的请求他易于接受,对方不高兴的时候,虽是极平常的请求,也会遭到拒绝。比方说他新近做成一笔大生意,你去称赞他眼光准、手腕灵,引得他眉飞色舞,乘机稍示来意,也是好机会。诸如此类的例子有很多,全在于你随时留心,善于利用。

**不过当你提出请求时,第一要看时机是否成熟,第二说话要不卑不亢。**过分显出哀求的神情,反而会引起对方藐视你的心理。你的心里尽管十分着急,说话表情还是要大方自然,并且要说出为对方着想的理由来,而不是单纯为你自己打算。

## 在心理上满足对方

**想要一个人帮你做事情,唯一有效的方法就是使他自己情愿。**同时,你还必须记得,人的需要是各不相同的,各人有各自的偏爱。只要你认真探索对方的真正意向,特别是与你的计划有关的,你就可以依照他的偏好去满足他并改变他的态度。

首先将自己的计划去适应别人的需要,然后你的计划才有实现的可能。比如说服别人最基本的要点之一,就是巧妙地诱导对方的心理或感情,以使他人顺应自己。如果你特别强调自己的优点,企图使自己占上风,对方反而会加强防范心理。所以,应该注意先点破自己的缺点或错误,使对方产生优越感。

此外,有些人以为帮助了别人,有恩于你,心理上会不自觉地产生一种优越感,说不定还要对你数落一番。当你认为自己可能会被人指责时,不妨先数落自己一番,当对方认为你已承认错误时,便不好意思再指责你了。

有一位年轻人是美国有名的矿冶工程师,毕业于美国的耶鲁大学,又在德国的弗赖堡大学拿到了硕士学位。可是当年轻人带齐了所有的文凭去找美国西部的一位大矿主求职的时候,却遇到了麻烦。原来那位大矿主是个脾气古怪又很固执的人,他自己没有文凭,所以不相信有文凭的人,更不喜欢那些文质彬彬又专爱讲理论的工程师。

当年轻人前去应聘并递上文凭证书时，满以为老板会乐不可支，没想到大矿主很不礼貌地对年轻人说："我之所以不想用你就是因为你曾经是德国弗赖堡大学的硕士，你的脑子里装满了一大堆没有用的理论。我可不需要什么文绉绉的工程师。"聪明的年轻人听了不但没有生气，反而心平气和地回答说："假如您答应不告诉我父亲的话，我要告诉您一个秘密。"大矿主表示同意。

于是年轻人对大矿主小声说："其实我在德国弗赖堡大学并没有学到什么，那5年就好像是稀里糊涂地混过来一样。"想不到大矿主听了却笑嘻嘻地说："好，那明天你就按时上班吧。"就这样，年轻人在一个非常顽固的人面前通过了面试。

美国著名政治家帕金斯30岁时就任芝加哥大学校长，有人怀疑他那么年轻是否能胜任大学校长的职位，他知道后只说了一句话："一个30岁的人所知道的是那么少，需要依赖他的助手兼代理校长的地方是那么多。"就这短短一句话，使那些原来怀疑他的人一下子放心了。人们遇到了这样的情况，往往喜欢尽量表现出自己比别人强，或者努力地证明自己是有特殊才干的人，然而一个真正有能力的领袖是不会自吹自擂的，所谓"自谦则人必服，自夸则人必疑"就是这个道理。

在说话和办事过程中，你要努力做到这点——先在心理上满足对方，这样事情就会变得简单、顺利多了。

心灵悄悄话

一个胸无点墨的人，你当然不能希望他应对如流。学问是一个利器，有了这个宝贝，一切皆可迎刃而解。你虽不能对各种专门学问皆有精湛的研究，但是所谓"常识"却是必须具备的，有了一般的"常识"，倘若再加以巧妙地运用，那么要应付任何一个人做出一分钟使他有兴趣的谈话都是不难的。

# 说话因人而异，效果更好

## 初次见面，因人而异选话题

大家平时可能遇到过这样的状况，遇到陌生人时自己好不容易鼓起勇气与人交谈，但一时不知道该讲些什么，双方处于陌生、尴尬的局面。所以，寻找合适的话题就显得十分重要。那么与陌生人第一次见面该怎样寻找话题打开交谈的"瓶颈"呢？

与陌生人交谈，一般可以先提一些"投石式"的问题，在略有了解后再有目的地寻找话题交谈，便能谈得较为自如。例如，初次见面相互介绍姓名后可以以名字为话题。名字不仅是一种代号，在很大程度上也是一个人的象征。初次见面时能说出对方的名字已经不错了，若再对对方的名字进行恰当的剖析，就更上一层楼。譬如一个叫"建瓴"的朋友，你可以谐音地称道："高屋建瓴，顺江而下，可攻无不克，战无不胜，可谓意义深远呀！"或者用一种算命者的口吻剖析其姓名，引出大富大贵、前途无量之类的话，这也未尝不可。总之，适当地围绕对方的姓名来展开话题不失为一种好方法。

交谈中可以问一下对方的家乡、经历、爱好等，没准儿就能从中找到两人共同感兴趣的话题，甚至可以在彼此的亲戚朋友圈中找到两人千丝万缕的联系。由于亲戚、老乡这类较为亲密的关系会给人一种温馨的感觉，使交际双方易于建立信任感。特别是突然得知面前的陌生人与自己有某种关系,更有一种惊喜的感觉。故而,若得知与对方有这类关系,寒暄之后,不妨以此为话题,这样很容易拉近两人的距离,使人一见如故。**从人的心理上来讲,每个人的潜意识中都有一种"排他性",对自己的或跟自己有关的事物往往不自觉表现出更多的兴趣和热情;跟自己无关的则有一定的排斥性。**因而在交谈中这类关系的点出就使对方意识到两人其实很"近"。这样,双方就能较好地形成坦诚交谈的气氛,打通初次见面由于生疏造成的心理上的"设防"。

有的时候如果是预约式的拜访陌生人,那你最好具备一些洞察力。首先你应当对那位你即将拜会的客人做些了解。例如,问一些你们双方都认识的朋友的情况,探听一下对方的近况,关于他的职业、兴趣、性格等方面,了解得越详细越好。

凡是去拜访过罗斯福的人,都会对他渊博的学识感到惊奇,勃莱福特曾经这样说过:"无论是一个牧童,还是一个骑士,无论是一个政客,还是一个外交家,罗斯福都知道应该跟他们说些什么。"为什么会这样呢? 答案很简单,在接见来访的客人之前,罗斯福已准备好了那位客人所喜爱的话题和特别感兴趣的事。罗斯福就跟其他具有领袖才干的人一样,他知道深入人心的最佳方法,就是对那人讲他懂得最多的事。

**可见在与人交往过程中,可谈论的话题是很多的,而且随时随地都可找到一个话题。**但是与不同的人在不同环境和不同的情绪状态下交谈时,要寻找一个适当的、使双方都感兴趣的话题就要有些讲究了。同时在选择话题上,还有一些讲究必须注意,例如不谈人家的隐私,不谈上司、同事以及朋友们的坏话,不说个人恩怨和不发牢骚等。

## 逢货要添价,逢人要减岁

当别人请你猜他(她)的年龄或者某物的价格时,注意了,这可不是表现你观察力敏锐的时候。**合适的做法是物往贵处说,人往年轻讲。**试问,谁不希望自己看起来更年轻些,使用的东西更昂贵一些呢? 一个小小的善意谎言能够换来对方一整天的好心情,何乐而不为呢? 不过,切记不能太夸张,一定要让人家觉得你是诚心诚意的。

秦岭是某公司市场部经理。有一次他与客户一起吃饭谈生意,对方是一男一女,初次见面,双方都显得有些拘束。虽然可以直接谈生意,但是,秦岭认为,如果有一个很好的开头,生意谈起来会事半功倍。"你好,我叫秦岭,是××公司市场部业务员,马上奔三十了,到了而立之年,但是没有什么'立'起来的。"秦岭略带自嘲地说。"秦经理,您就别谦虚了,30岁就市场部经理,已经算是很优秀了。您在咱们这个圈子里可是很有名了。"对方男士补充说。"哪里啊,比起你们,我就差远了。这位男士也就不到30吧? 这位女士这么年轻,但是说话做事很干练,你们老板一定很放心。""哈哈,努力工作嘛,尽量做到最好是我们公司的宗旨。"对方听着秦岭的夸奖有些洋洋得意了,气氛得到了缓和,生意谈起来自然也是水到渠成。

秦岭的开场白一直在犯"美丽的错误",对方不仅不会认为他缺乏眼力,相反,还对他产生好感。由于成年人普遍存在怕老的心理,所以"逢人减岁"就成了讨人喜欢的说话方式了。这种方式技巧在于把对方的年龄尽量往小处说,从而使对方觉得自己显得年轻有为、保养有方等,产生一种心理上的满足。芸芸众生、各色人等,人人都喜欢看起来比实际年龄年轻。**因此与人初识,自动将对方减岁,称赞别人年轻,必使相处有个好的开始。**

"逢货添价"在生活中也屡见不鲜。一个朋友买了一件新衣服或一双新鞋,往往会要你猜这货物的价钱。你捏捏这件皮夹克的衣料,看看它的式样,心里已有了价码,但说出口时要大大加码,本来大约六七百元,你却要说一千多元。朋友听了乐滋滋的,因为你的"添价",无异于赞美她买的货价廉物美。又如,一同事从小摊上买来一套廉价的西装,让你猜价格。你也恰好在马路边看到过这类处理品,就直言不讳地说:"这是处理品,也就百十来元吧。"他听了也许会拉下脸来,或者脸涨得通红,因为你让他在大家面前大跌了面子。这使人想起鲁迅先生讲的故事:有一人家生了个儿子,抱着给亲朋看,于是听到一片赞美声,有的说,这孩子长大了要做官,主人很爱听。如果有人说这孩子将来是要死的,主人听了准会觉得"触霉头",非把他赶出去不可,尽管他说的是实话。

　　其实"逢货添价,逢人减岁"的最终目的是投其所好、讨人欢心。当然,这种投其所好是一种善意的谎言,也是赢得好人缘的一种手段,它并没有巴结奉承的意味,它的主要目的是使别人开心,使大家在人际交往过程中取得双赢的局面。

　　　有一位学者说过这样的话:"如果你能和任何人继续谈上一分钟而使对方发生兴趣,你便是最佳的交际人物。"这句话看来简单,其实并非容易,因为"任何人"这范围是很广的,也许是工程师,也许是个津师,或是教师,或是艺术家。总之,无论是三教九流,或各种阶层人物,你都能和他谈上一分钟且使他对你的话感兴趣,那真是不容易。

# 考验你的说话艺术

## 说好你的结束语

**与人交谈,说好第一句话固然重要,但是告别语的作用也不容忽视。**当你费尽心思,将你的第一句话酿成一杯暖人心扉的咖啡,那么告别语也应该谱成一曲"余音绕梁"的优美乐曲,让人回味无穷。

心理学家和生理学家经过研究后认为:人的记忆和印象,都是受到"记忆的系列位置"的深刻影响,换句话说,在一件事情从发生到结束的整个过程中,开头和结尾给人的印象最深,往往具有左右整个记忆的作用。

一天,老王的同事到他家来做客,老王与同事谈得非常投机。可是当同事告辞时,刚跨出老王家的大门,老王便"砰"的一声把门关上了。同事的心里顿时升起一股凉意,从那以后,他见了老王便绕着走。也许老王是无意的,可是对同事来说,心中总会有所猜疑,原来畅谈甚欢的兴致,也会被那"砰"的一声一笔勾销。这就足以说明:分手时的印象足以左右整个会面的结果,是成是败,最后一刻的表现甚为重要。

**讲话结束时,总结一下对方和你本人的看法,强调一下共同的观点和看法,是很有必要的。**总结时一定要注意保持客观,不带偏见,以对方能接受的方式进行陈词。换言之,以尽可能有利的方式描述对方的看法。如"感谢你同我讲的几个问题。""花费了你不少时间。""总的来说,你的那个想法有许多合理之处。""你的话对我有不少启发,感谢你……"最后结束谈话时,你还可以向对方提出一些积极的希望。如"我知道你会尽可能使事情成功的。"

在交谈结束后,还可以在告别时说一些祝愿的话语,同样会拉近彼此的心理距离。如"时间不等人,生活就是拼搏,抓紧时间,就等于延长生命。我祝愿你是这样一个人,再见!"这种结束语与简单地说"再见"的结束语效果会截然不同。

交谈双方说完了自己的意见或流露了某些内心意向之后,如果你觉得有些话和问题带有范围性、对象性、保密性和重点性,当交谈即将结束时,可以委婉地叮嘱对方不要将其中的某些话张扬出去。譬如:"刚才我讲的话是一些不成熟的看法,我觉得不必让他人知道,请你不要传出去,以免引起麻烦……"

当然在谈话结束时,如果你对对方说几句得体的赞美话,并使用诸如"绝对""非常"等一类有强调意义的词语来表达你的感受,那么,对方就会因感觉到他自己的重要性而对你心生好感,并且乐意继续同你保持联系。

与他人交谈时,随便中断对方的谈话是不礼貌的,但对于冗长的谈话,则可以依据自己和对方的关系,谈话的内容、时间、周围环境等来判断是否应该让对方继续谈论下去。若不得不中断对方谈话,也要考虑在哪一个段落中断为好,同时也应照顾到对方,避免给对方留下不愉快的印象。不要直接地说:"我看今天就到这里吧。"而要婉转地以歉意的语气告诉对方:"我一会儿还有一件重要的事情得办,所以只能再待十几分钟,真对不起,只能下次再见了。"

总之,与人初次交谈,一句恰当得体、声情并茂的结束语,能给此次谈话起到画龙点睛之效果,能为以后进一步的交往搭上通畅的桥梁。

## 不失风度地回敬对方

绵里藏针,是指外表柔和,内则刚健,言谈之间可让对方感到刺痛,却

**不留任何痕迹。**在人际交往中,由于考虑到别人的自尊或是自己的风度问题,对于对方的批评或攻击,不能用尖锐的语言以牙还牙,而应该绵里藏针,表面相当温和,实际上回敬得一点儿也不含糊。

在人际交往中,有时对方提出的要求并非无理取闹,也许在某种程度上是合理的,但因条件的限制又无法予以满足。在这种情况下,拒绝的言辞要尽可能委婉,予以安慰,使其在精神上得到一些满足,以减少因拒绝产生的不快和失望。因此,在语言策略上可采用"先肯定后否定"的形式,在软性话语中隐藏着强硬的意思,但词句一定要委婉,要给对方留有余地,尤其是对那些有身份地位或自尊心很强的人。这样不仅委婉拒绝了对方,又给自己留了一条后路。

秦朝末年,楚霸王和刘邦争夺天下,损兵折将才攻破外黄城。破城之后,楚霸王下了一道命令,要活埋城里 15 岁以上的男子,因为这些百姓曾帮助汉军守城。在这紧急关头,有个 13 岁的小孩求见楚霸王。楚霸王问小孩为什么敢来见他,小孩回答说:"大王常说自己是百姓的父母,我是百姓的一员,当然是你的孩子了。孩子想念父母,难道都不敢见一见吗?"楚霸王转怒为喜,要小孩直说。这个小孩于是陈述了屠城的严重后果:"如果其他地方的百姓听说您会坑杀投降的百姓,就不会开城迎接,而会拼死抵抗,这样您处处受敌,要攻占地盘就得付出更大的代价。"楚霸王想想很有道理,于是打消了屠城的念头。

遇到小人含沙射影,指桑骂槐,我们就可以绵里藏针,软中带硬,以柔克刚。软,就是说话时的语气和态度都比较和缓;硬,就是表达的内容有强硬的成分。对无理行为进行反击,有时绵里藏针反而更见力量,使对方无辫子可抓,只得将自己种的苦果往肚里吞,在心中暗暗叫苦。

英国大作家萧伯纳年轻时身体很瘦弱,一次宴会上有一个胖得像猪一样的资本家取笑他说:"萧伯纳先生,一见到你,我就知道世界上正在闹饥荒。"在场的人一听此话,不免为萧伯纳捏一把汗,而萧伯纳却彬彬有礼地回答道:"我也一样,一见到先生,就知道了世界上闹饥荒的原因。"机敏巧妙的反驳,使在场的人敬佩不已。

在论辩时,必须注意语言分寸的掌握。如果既不想太强硬,又不想违背自己的原则主张,"绵里藏针"是一个很有效的办法。

1984 年,里根在竞选美国总统时与对手蒙代尔进行电视辩论。在辩论中,蒙代尔自诩年轻力壮,竭力攻击里根年龄大,不适宜竞选总统。里根是这样回答的:"蒙代尔说我年龄大而精力不充沛,我想我是不会把对手的年轻、不成熟这类问题在竞选中加以利用的。"此话一出立即博得全场的热烈掌声。

面对年轻气盛的蒙代尔的挑衅,里根如果以牙还牙,破口对骂,就会有失风度,也不能给人沉稳持重的感觉;但如果装聋作哑,不加以反驳,那么就显得机智不足,难以有所作为。里根根据自己的长处和对方的短处,采取了绵里藏针、以柔克刚的策略,以己之长,攻彼之短,使对方无还击之力,只能搬起石头砸自己的脚。这既显示出里根作为年长者的足智多谋、宽宏大度,又委婉地抨击和映衬对方作为年轻人的浅薄和好斗的狭隘之心,在观众面前树立了比对方更能胜任总统职务的印象。

心灵悄悄话

　　肢体语言所表达的意思是丰富多彩的,对他人而言,我们要通过仔细观察其肢体语言,揣摩其内心的真实想法;对自己来说,我们要充分发挥肢体语言的魅力,让自己的人际交流更生动、更鲜活、更顺畅。

# 投其所好——说对方感兴趣的事

美国一名记者访问肯尼迪时,见面就说:"我看您还真像个人文主义者。"一下子便引起了肯尼迪莫大的兴趣,破例与这名记者长谈了将近两个小时。

另一个例子,一位从事童军教育工作的爱德华·查利弗先生,有一次,为了赞助一名童军参加在欧洲举办的世界童军大会,极需筹措一笔经费,于是他前往当时美国一家数一数二的大公司,拜会其董事长,希望董事长能解囊相助。在这之前,爱德华听说那位董事长曾开过一张面额100万美金的支票,后来那张支票因故作废,他还特地将之装裱起来,挂在墙上供做纪念。

爱德华一踏进他的办公室之后,立即针对此事要求参观一下他这张装裱起来的支票。爱德华告诉他,自己从未见过任何人开过如此巨额的支票,很想见识见识,好回去说给那些小童军们听。董事长毫不犹豫地就答应了爱德华的请求,并将当时开那张支票的情形详细地解说给爱德华听。结果呢?董事长说完他那张支票的故事,未等爱德华提及,就主动问他:"对了,你今天来找我,是为了什么事?"于是爱德华才一五一十地说明来意。

出乎爱德华意料之外,董事长不但答应了他的要求,而且答应赞助5名童军去参加该童军大会,并负责全部开销,另外还亲笔写了封推荐函,要求欧洲分公司的主管,提供所需的一切服务。

当时爱德华若非事前知道董事长的兴趣所在,一见面就投其所好,引他打开话匣子,事情恐怕就没那么顺利了。

又例如，眼前有个陌生人手里拿着一份报纸，你如果想结识他，便可以以报纸为媒介，对他说："先生，对不起，打扰一下。请问您手里拿的是什么报纸？有什么重要新闻吗？"如此一来，就开启了双方对话的话头。

能言善道，在人际往来中如鱼得水的人，往往在与对方接触的一瞬间，就能找到双方感兴趣的话题，从而引发交谈的兴致。在人际交往中，能用来接近对方的话题可说俯拾皆是，关键在于要善于根据特定的情境去发掘，并恰到好处地运用。除了投其所好、寻找对方感兴趣的话题外，与之相类似的还有"借助媒介法"，即以一定的物和事为媒介，作为引发交谈的"因子"，比如上述陌生人手中的报纸。

而赞美一样大家都知道的东西，说说自己对某件普遍受关注事情的感想，是打开话匣子最稳当得体的开始，因为人人都能加进自己的意见，由此可以探出对方的兴趣和爱好，然后拓展谈话的领域。**如果你找对了对方的兴趣点，那你的目的也就会很容易达到，并且能取得事半功倍的效果。**

心灵悄悄话

> 谁都爱听好听的，但是如果你的赞美变成了吹捧，甚至是赤裸裸的拍马屁，相信再爱听好话的上司也会听不下去，甚至反感你的做法。所以，即使是讨好，也要做得恰如其分，不露痕迹。

# 第七篇

## 学会拒绝的艺术

拒绝是一门艺术，什么时候该实话实说，什么时候该适当地撒个善意的小谎，还要视情况而定，见机行事。

与朋友交往，难免会遇到不得不说"不"的情况。但是，如果拒绝不得法的话，则可能因此失去友情，被人误会，甚至遭人不满、怨恨、唾骂和仇视。

拒绝是一门学问，有些时候，我们本想拒绝，心里很不乐意，但却点了头，碍于一时的情面，却给自己留下长久的不快。所以，我们学好它至关重要，有利于提高我们的工作效率和生活质量。

# 拒绝别人有方法

## 实话实说是最好的拒绝方法

**尽管说拒绝要委婉，但不是所有的拒绝都需要借口，有时实话实说就是最好的拒绝方式，也更能赢得别人的信赖。**

好不容易盼来的约会，结果经理一句"加班"让一切计划都灰飞烟灭了。听到这个消息，王磊一下子郁闷起来，他一想到女朋友失望的眼神、无奈的叹息声，就觉得一阵阵心痛。

离下班只有一个小时了，无论如何也要通知女朋友加班的事情，不然，等她兴致勃勃地跑去约会地点，再接到这样的电话会更加失望。

"喂，亲爱的，很抱歉，我今天晚上又要加班了。"电话那头是长长的沉默，"不过，我答应你，下次一定带你去你喜欢的那家餐厅，还有你一直想去的那家淘宝城。"王磊有些紧张地说道。"你说的？下次可不许再骗我！"女朋友撒娇地说道。"不会，不会，你放心好了，"接着，王磊压低声音说，"亲爱的，这次要'骗'你的也不是我，是我们经理。"

电话那头传来银铃般清脆的笑声，王磊如释重负。

生活中，类似王磊的境遇并不少见，需要为了工作而"拒绝"女友时，最好的方式莫过于实话实说，王磊正是通过实话实说来达到"拒绝"女朋友的目的。尽管很多时候,善意地撒个谎,无论是对自己还是对方,都无可厚非,甚至能够很好地维护双方的关系,但是,谎言终究是谎言,它经不起事实的拷问。如果你的谎言伎俩不过关,下次约会时,一不小心,哪句话说漏了嘴,让女朋友抓住了把柄,那会造成比"失约"更加严重的后果。如果让女友因此而认定你是一个不守信用且惯于撒谎的人,后果一定不堪设想,得不偿失。因此,游走于职场、爱情之间的年轻人,面对王磊的境况,实话实说才是明智的选择。

可见,**拒绝是一门艺术,什么时候该实话实说,什么时候该适当地撒个善意的小谎,还要视情况而定,见机行事。**

## 拒绝对方的话要表达清楚

当你面对别人的请求时,如果不能确定自己是否可以把对方请求的事办好,或根本就不想接受请求,就一定要把拒绝的话说清楚,避免用模棱两可的话回答。比如:"或许可以吧!我不确定。""我不确定这事能够办成。""你说的事情我会考虑的。""这件事等过两天再说好吗?"显然上述这些回答根本起不了拒绝的作用,反而会让请求者抱着希望。事情这样拖下去根本无济于事,到最后依旧要硬着头皮告诉对方事情无法办成,只是这时可能已经错过了别人解决问题的最好时机。

王欣老家有急事,必须请几天假回去,而这时她的一位大客户要和她签约,其他公司也在积极争取这位大客户,现在正是关键时刻,自己却无法分身。王欣想来想去,想到了比较要好的同事谢蕾,于是,她打电话请谢蕾帮忙去跟这位客户签约。

谢蕾听着电话里王欣的请求,一下子没了主意。平时她和王欣的关系很不错,的确很想帮她,可是,最近她的宝贝女儿生病住院了,自己一边要忙工作,另一边还要照顾生病的孩子,实在是无法顾及其他事情。她想要拒绝王欣，但是又找不到合适的话，于是沉默了一会儿。一向急性子的王欣听谢蕾半天没有动静，以为她已经默许了，于是，连忙道谢挂了电话。谢蕾面对工作和家庭的压力，根本没时间和王欣的客户联系，她想：反正自己当时也没答应她，是她不给自己说话的机会。对此事，谢蕾也就不闻不问了。几天后，王欣高高兴兴地来上班了，却发现自己的大客户跟丢了。于是对谢蕾产生了一肚子怨气，而谢蕾也感觉很委屈、很无辜。

仔细分析这件事，过错更大的一方应该是谢蕾。正因为她的沉默无语，才让王欣误以为她答应了自己的请求。假如当初谢蕾听到王欣的请求时，就直截了当地告诉她自己帮不了这个忙，那么王欣可以找别人帮忙，或找其他解决问题的方法，结果也不至于会这么糟。

面对他人的请求，能帮忙的事要尽全力帮忙，如果自己无法办到的事，一定要和对方说清楚，让他去寻求其他的解决方法。否则，不但不能帮对方解决问题，还有可能误了别人的事，这样对人对己都不利。所以，**该拒绝的时候，一定要明确地表示拒绝。当然，拒绝的话我们可以说得婉转一些，但是要让对方立刻就能明白你所要表达的意思。**

## 心灵悄悄话

> 指出真诚的并且符合逻辑的拒绝理由最好，有助于维持原有的关系。如果你觉得拒绝的理由不充分，也可以直接拒绝不说明理由。千万不可编造理由，因为谎言终究会被揭穿。当你说明理由后，对方试图反驳，你千万不可与之争辩，只要重申拒绝就行了。争辩会把理性转化为感性。

# 拒绝要及时还要合理

## 拒绝的话要及时说

**倘若别人托付的事情,你确定自己无能为力,那还是趁早拒绝了吧,如果拖得太久的话,于己于人都没有什么好处。**

有朋友求托尼帮忙找一份工作,但托尼的公司根本不缺人,况且朋友在很多方面都不符合应聘的条件。

"托尼,拜托你的事,怎样了?"朋友问托尼。

"啊哈,亲爱的,不是太好办啊,上次,我就同你讲过,你的学历不符合规定,难度比较大,何况公司现在是僧多粥少。不过,你放心,我会尽力为你争取的。当然,你也不要太乐观。"托尼回答道。

俗话说,听话要听音,对方一听就知道希望不大。托尼的拒绝真的非常巧妙。"学历不到,僧多粥少",及时地提醒了对方求职中的不利条件。"不要太乐观",则为以后事情可能办不成埋下了伏笔。托尼的话表面听不出任何拒绝之意,但实际上已经为以后的拒绝做了充分的准备。因此,下次朋友再问起此事,拒绝起来也就顺理成章了。

拒绝别人总是让人难为情的,因此,在决定拒绝的情况下,一定要将拒绝的理由讲得充分,还要从接受者的心理考虑,要让对方有充足的思想准备。为此,先不宜直接拒绝,而应充分阐明不利因素,为以后的拒绝做一个铺垫,并在适当的时候用适当的方法加以拒绝。这么做的目的是告诉对方,即使没有能力满足他的愿望,但自己也已经尽力了。

当然,无论你的拒绝多么"委婉",对方遭到拒绝总归是不愉快的。因此,在拒绝前要考虑将对方这种不愉快降到最低程度,尽量做到不但不破坏双方的关系反而能更进一步。这就要求在拒绝的时间上"宜早不宜晚",而且态度要诚恳。因为,这样不但可以让对方感受到自己的真诚,还可以给对方留有更多的选择余地,而模棱两可拖拖拉拉的处理方式,则是一种不负责任的态度。

## 给拒绝一个合理的理由

社交中,拒绝总是在所难免,因此,拒绝的理由也就显得尤为重要。**合理的理由,既可以成功拒绝对方,又可以避免双方的尴尬。**

张健在一家电器商场销售电器。一天,一位朋友过来买洗衣机,可是,转遍了整个商店,也没有找到自己满意的类型。最后,朋友希望借张健的职务之便到商场里的仓库去看看。

朋友的要求让张健犯了难,他很清楚这是违反商场规定的。可是,面对朋友,"不"字又不好说出口。于是,张健灵机一动,笑着说:"真是不巧,经理这两天刚刚宣布过,不准任何顾客以任何理由进入仓库。"朋友一听,也就没有再说什么了。

其实,当张健的朋友听到拒绝后,心中的不悦不言而喻,但这毕竟比直接的"不行"听起来要好很多。况且张健的理由听起来也不是没有道理,于是,双方的尴尬得以避免。

**拒绝别人真的很不容易,如果拒绝不得法,很有可能因此而失去交情,**

**被人误会,甚至遭人唾骂、仇视。**为了避免这种事情发生,在拒绝别人前,一定要准备好足以说服对方的合适的理由。这样一来,你的拒绝也就不再生硬,对方也会更易接受。

拒绝的目的显而易见,但拒绝的方式却是灵活多样的,除了找个合适的拒绝理由外,你还可以用开玩笑的方式来拒绝。总而言之,巧妙地拒绝,既可以达到拒绝的目的,还可以避免双方的尴尬,免去不少是非。

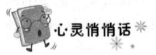
**心灵悄悄话**

语言与文化、社会背景本来就是既相成又制约,也就是说,当我们在传递任何讯息时,总是会受到不同社会和文化的影响,因此,为了让语言运用达到最佳效果,必须清楚辨明各种社会及其文化对双方的影响。

# 让他人理解你的难处

拒绝别人是一件不容易的事。有一位教授说："求人办事固然是一件难事，而当别人求你办事，你又不得不拒绝的时候，也是叫人头痛万分的。因为每一个人都希望得到别人的重视，同时我们也不希望给别人带来不愉快，所以也就很难说出拒绝别人的话。"

孙宇承包了一家大型服装公司。几年来，她市场瞄得准，技术开发决策得当，科技人员力量雄厚，经营管理科学，使得公司的产值和利润大幅度上升，经济效益极好，因而引得许多人都想往这个单位钻。

一天，她的一个老领导打来电话，想给她推荐一个职员，问她能否接收。碍于面子，她就让老领导带着求职者来面试。面试结果很不理想，孙宇心想，接收了吧，养了个庸才，而且会造成公司人事制度的破坏，影响公司的长远发展；不接收吧，老领导以前待自己不错，碍于面子，不好拒绝。于是，孙宇愁眉苦脸地找到她的自称涉世老手的好朋友。

朋友问清情况后，提出了一些建议：从大处、长处着想，应当拒绝。当然，要摆明单位的实际情况，让老领导及求职者明白不接收的客观原因，而且要顾全老领导的面子，避免伤其自尊和大家的和气。

两天后，孙宇高兴地打电话给老领导，首先请老领导和那个求职者参观并了解公司各工作室人员忙碌的情况和做事的难度，以及进入公司的规章制度。接着又向老领导汇报了公司的发展情况以及今年的承包合同指标。

"老领导，前几年，在您的指导下，公司发展很快，公司上下都非常感谢您的理解和支持。去年年初，我们按照您的指示，修订和加强了管理制度

和岗位用人制度，效果非常好，希望您能继续指导。对于您介绍的这个小伙子，所学专业与我们不对口，公司研究没有通过，也是怕影响今年承包指标的完成。如果有别的合适单位的话，我再想办法让他去试试。老领导，您看这样好吗?"

每个人都有自尊心，当人们向他人求助时，或多或少都会有不安的心理，对于他人的求助，如果一上来就说"不行"，势必会伤其自尊心，引起他人的反感甚至忌恨，影响双方的交往。所以，当他人提出请求时，最好先说一些关心或者同情的话，然后再说明白自己不能相助的原因，这样便可以赢得对方的理解，使其知难而退。

心灵悄悄话

一般而言，我们的社会环境、历史背景、文化特征，往往会赋予语言在本身意义外的附加意义和功用，从而对人际往来产生影响。所以，当我们在使用具有"附加意义"的语词时，必须特别小心谨慎，如果随意乱用，势必会弄巧成拙。不同的民族有不同的文化特征，而不同的民族语言也反映了其不同的文化特征，因此，在语言的运用上必须注意文化差异。

# 改变话题，转移对方注意力

转换话题，是一种非常有效的拒绝方法，它能够转移别人的注意力，避免引起正面冲突，很好地维护双方的面子。

日本有个叫井上的青年，有一天他去拜访本田宗一郎，想把一块地卖给他。本田宗一郎很认真地听着井上的讲话，一直没有说话。听完井上的陈述后，本田宗一郎并没有做出"买"或者"不买"的直接回答，而是从桌子上拿出一些类似纤维的东西给井上看，并对他说："你知道这是什么吗？"

"不知道。"井上老实地回答。

"这是一种新发明的材料，我想用它做我们汽车的外壳。"本田宗一郎详详细细向井上讲述了一遍。

本田宗一郎这一讲就是半个小时，谈论了这种新型汽车制造材料的来历和好处，又讲了他明年拟采取何种新的汽车销售计划。这些内容使得井上摸不着头脑，但感到很愉快。在本田宗一郎送井上走时，才顺便说了一句不想买他的那块地。

本田宗一郎如果刚开始就告诉井上自己不想买那块地，那么势必会引起一场说服与反说服的争论，而本田宗一郎并不想进行这样的一次论辩，于是巧妙地转移了话题，从而成功地拒绝了对方的销售要求。

当你不愿意答应别人向你所求的事情时，可用巧妙转移话题的方法，让对方处于被动的地位，从而改变对方的注意力，达到拒绝的目的。

朋友要求你做一件你不想做的事，可以采取答非所问的方式，巧妙地利用暗示的方法让对方知道，你对他提出的意见不感兴趣，他就会知趣而

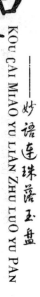

退。比如，你这个周末与某个朋友在一起玩，他希望你下个周末还陪他出去，而你则另有自己的安排，不如就说：

"今天时间不早了，周末玩得太累会影响工作的，我该回去休息了"。这样说，你就给对方一个暗示，你并不打算再在周末的时候和他一起出去，对方就明白你话里的拒绝意思了。

小楠在相亲派对上认识了一个男士，开始两人相处的还不错，但很快的，小楠就发觉两人性格不合，打算找一些借口断绝和对方往来。"下周末我们还去郊外钓鱼怎么样？"临分别的时候，那个男士又邀请小楠。"下周我们一直都要上班，周末也是。""那就再下周了。""那就再说吧，最近总是在周末出去玩，我周一上班都没什么精神，我要回去休息了。"说着，小楠还适时打了一个"哈欠"。对方马上意识到了小楠的意思，从那天起就几乎不和小楠联系了。

很多时候，使用转移话题的方法需要把话题转移到对方身上，有时需要把话题引导到不着边际的地方，关键是看你所应对的事情和人物，以及你所要达到的目的。如果你是想拖延时间，迂回地拒绝，当然最好是把话题引到丝毫不相干的地方；如果你是想让对方知难而退，那就需要将话题巧妙地转移给对方。

**心灵悄悄话**

> 自赞自夸应目的明确，有的放矢。招聘人才、购买商品，都有一定的规格、要求。你的优点非对方所需，你的长处非对方所急，这时自赞自夸如同对牛弹琴。而要了解对方的所急所需，就必须事先对人才市场、商品市场搞调查研究，做到知己知彼，心中有数。

# 学会拒绝别人是一项本领

如果你没有这项本领,那么你会被繁重的要求和任务压得喘不过气来,然后你就会老是太劳累却又总是不能按时交稿,你的文章质量也会下降,这样一来你就很难接到你所感兴趣的活了,更重要的是你的报酬也会大不如前了。

当你学会拒绝之后,虽然你可能会感觉有点伤害或者冒犯别人(这也确实有可能),但是与此同时你也传达给他们这样一个清晰的信息:你珍惜自己的时间,你有选择的权利,而且你也尊重那些你拒绝的人,你之所以拒绝正是因为你不想草率地做个承诺,你不会在履行的时候马马虎虎或者懒得去做。

要获得这项本领不是一件轻松的事情,对于那些不敢说"不"的人们,我在这里可以给你们支上几招,值得一试。

**试着先同意。**这似乎听上去有点自相矛盾,但是我把这看作一场心智的柔道。你可以同意要求(假设你的情况是你想接下这个活但是手头没有足够的时间),然后做下面两件事之一:你可以说:"没问题,但是我现在的任务多得像山一样。你能不能过一个月左右再来找我?除非我真能干得非常出色我是不会这么打包票的。"或者你可以说:"当然可以,但是你能不能先去做 x、y、z,这样我们才能看出这件事到底是否可行。"无论你选择上面两个中的哪一个,你都没有断然地拒绝他们,而是把主动权交回到他们的手中。我觉得你在真心想要这件活但是实在抽不开身的情况下才这样说,这样说帮你解决了主动权给你带来的压力,让你用不着真正说出那个"不"字。

**了解你曾做出的承诺。**为了知道什么时候用得着说"不",你得了解你现在已经揽了哪些活了。你得给你现在所有的项目和任务建一张流动的列表,同时也为你在一个星期左右时间内的不属于那些项目的活动列一张活动任务表。有了这两张列得满满的表你就可以决定眼前这个任务能不能挤进去,小心保管这张表,只有在事出必要的情况下才在上面添加项目。

**珍惜你的时间。**许多人难于拒绝的一个原因是他们(或许是在潜意识中)感觉自己的时间没有别人的珍贵。例如,如果别人让你去做一件他们自己能够轻而易举完成的事,你同意的话,就相当于承认他的时间比你的更宝贵——不然的话为什么你要替他们代劳呢?因此你要珍惜你自己的时间,你的时间是有限的,而且可能是你最为宝贵的财富,学会通过拒绝那些用不着你来操刀的事来告诉别人,你有多珍惜自己的时间。

**拖延。**与上面的策略 1 有点类似,如果你选用这招的话你用不着下决定,用不着点头或者摇头,而只是让来请求你的人迟些再来。例如,你可以说:"我的任务现在排得满满的,你能不能两个礼拜以后再来找我?"如果这个人不错的话,他会把两星期后再来找你这件事加进自己的备忘录里。要是这人不地道,他们肯定早把你忘了。有的时候如果你连着拖延了两回,那个人就会放弃了,当然老是拖延一件事也不好,这会让别人觉得你人品有问题。一般在两次拖延之后,在别人第三次求你的时候,你就应该给出个明确的答复了。

**礼貌,但要坚决。**很多人容易犯的一个毛病就是太好了,或者太优柔寡断了。他们可能虽然拒绝了别人但是他们的拒绝听上去有些动摇,如果你这样回应别人的话,会有更强的人来向你施压,直到你点头答应为止,这是因为他们觉得事情还有商量的余地。因此如果你要拒绝的话,你就得让别人清楚地知道你不会再改变主意了。但是别表现得粗鲁,一句简单的"不,我现在实在无能为力"就够了。

**抢先一步。**如果你觉得将有人会有求于你,你可以在别人向你请求之前告诉他们你很忙。如果你与那人碰面,你可以说"话说在前头,我得让你知道我的日程表里这一个月里都排得满满的,所以我们别谈关于 30 天内的什么新计划。"这相当于对那个将有求于你的人做了一次警告,因此事后他们也无法怪罪你拒绝他们的请求。

"我很乐意,但是……"类似于第一个方法,这招表现出你对这项计划很感兴趣,但是你因为日程安排或者有其他的任务而实在无能为力。如果这个计划听上去真的很有趣的话,我会经常说些如"这听上去确实很棒,我多希望自己能加入进来啊。""如果可能的话,我也会推荐一些其他的适当人选或者可行想法"。一些人实际上觉得这种被拒绝的方式还不错,至少你也帮他解决了难题。

永远别说抱歉。还是得珍惜自己的时间,如果你道歉的话,就好像是在为做错一件事而道歉,这样一来你拒绝的理由也就显得不甚充分了。我知道,在这种场合下,说"对不起"这三个字是很有诱惑力的,我们常常说"对不起,但是……"或者"我多希望能帮你,但是很对不起,我没办法帮你"这类的话,这是因为我们拒绝别人的事后会觉得很不舒服。但是,还是那个问题,这样一来,你会向别人传达错误的信息。回头看看前文"礼貌,但要坚决"能给你一些帮助。

心灵悄悄话

当你的朋友要求你做某件事,而你又偏巧不喜欢做这件事,直接拒绝可能会伤害到对方,让对方误以为你不尊重他。比如周末的时候,你的朋友想让你陪她去逛街,可是你不愿意去人多的地方,不如建议她:"今天天气不错,不如去郊外走走吧,呼吸一下新鲜的空气。"这样做,你不仅巧妙地拒绝了对方,还不会让对方觉得你是在拒绝他。

# 第八篇

## 机智应对　意外精彩

在人际交往中,要把握说话技巧,更要把话说到好处,运用自己的机智口才来应对一些意外情况的发生。所谓机智口才就是应对突发事件时的口才,成功地掌握机智口才也是要靠平时一点一滴的积累和不断地训练实践,才能为自己所用。

讲话要讲求技巧,只有富于技巧、诚挚生动的言辞才能打动别人,引发心灵的共鸣。机智妙语能够让你心想事成,如果你机智灵活、妙语连珠,就能像蜜蜂一样,终日在花园里采食甜美的蜂蜜;也能像淘金人那样,长期在沙砾中挖掘真金。

# 做个机智的应变高手

**应变能力是一种非常重要的素质，反应迅速、处事敏捷的人往往容易受到青睐。**在人际沟通过程中，常常会碰到一些不便回答或古怪、刁钻，一时难以回答的问题，难免令人头疼。碰到这种问题，如果你置之不理，未免有失风度；如果用一些"无可奉告""不想回答""不方便回答"之类的词语来搪塞，恐又难避"无能"之嫌。这时运用一些机智的语言予以对答，将会帮助你走出困境。

南齐的王僧虔是晋代大书法家王羲之的四世孙，楷书继承祖法又有所创新，造诣极深，南齐朝内很多大臣及诗书之家都以挂他的墨宝为荣。王僧虔是个乐善好施之人，如果有穷人的日子过不下去了找上门来，他就会让人买来白扇，龙飞凤舞地题上楷书，让穷人拿去卖个好价钱以度日。大家都议论着，王僧虔的楷书当今天下第一。

哪知这话传出后，有一人偏偏不服。这人就是齐太祖。这一天，齐太祖心血来潮，一道圣旨传王僧虔进御花园，要与他比一比书法。一会儿，两人都已写好。齐太祖将头一扬，双目盯住王僧虔，说："你我两人的书法，谁第一，谁第二？"王僧虔心里怦怦地跳：既不能贬低自己，辱没了先祖美名，也不能得罪了皇帝。略思片刻后，王僧虔答道："臣的书法，为大臣行列中第一；陛下的书法嘛，当称皇帝中第一！"

齐太祖听罢，先怔了一怔，随后无可奈何地哈哈大笑起来。

由此可见，机智的话语可以避免针锋相对的尴尬，使你在紧要关头化险为夷，化劣势为优势。

在某个高档的西餐厅，客人们正听着优美的音乐，吃着鲜嫩的牛排，喝着美味的红酒，整个西餐厅沉浸在温馨的气氛中。突然，一位穿着名牌西装、手拄拐杖的"绅士"闯了进来，大声嚷嚷："怎么回事，为什么没有位子，我还需要预约吗？马上给我安排！"边嚷边用拐杖敲地。他这种粗暴的行为引来了周围客人们厌恶的目光。

餐厅经理走过来轻声对他说："不好意思！先生，您没有提前预约，现在餐厅客满，没有空位。"

"绅士"大声说："我还需要预约吗？你难道不知道我是谁吗？赶快给我安排位子，不要耽误我的时间，我的时间是很宝贵的。"

餐厅经理平静地转过脸，对服务员说："这位先生有些健忘，记不清自己是谁了，需要我们帮助他回忆一下。"然后礼貌地对"绅士"说："对不起先生，我们一时也想不起您是谁，这样吧，您不如先到休息区的沙发上休息一下，喝一杯香浓的咖啡，慢慢回忆自己的名字。如果等一下有位子，我们会替您安排，不过，下次请您提前预约。"

餐厅经理的话引起了服务员和客人们的轻笑。笑声中，"绅士"的脸涨得通红，嘴唇哆嗦着，想说什么却说不出来，只能悻悻地走到休息区坐在沙发上喝咖啡。

这个故事中，"绅士"那番话的用意很明显，就是炫耀自己的身份，想以此来压制餐厅经理，但餐厅经理却假装听不懂，从他问话的正面理解，引申他的用词，从而引起众人的嘲笑。**面对尴尬的窘境，斤斤计较会有损自己的风度，无所适从会有损自己的形象，处理不当会激化矛盾。倘若灵活机智应对，巧言妙语，就能化尴尬为潇洒，在人际交往中从容胜出。**

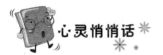
心灵悄悄话

知识是任何事业的根本，你要使自己的谈吐能适应任何人的喜好，更要多阅读书报杂志，让这天地间的知识贮存在你的头脑中，到要运用的时候，经过你的头脑选择整理，便能与人对答如流了。

# 保持理智让你更从容

## 面对紧逼，不落被动

实际生活中，有些人常常被别人咄咄逼人的话逼入死角，这些话语有嘲讽，也有挑衅。说这些话的人往往是有备而来，目的是激怒你，令你情绪失控，当众出丑。面对这种情况，我们应调整心态，理智应答。

某中学，一位身材矮小的男老师初次走上讲台，学生们有的面带嘲讽，有的掩嘴偷笑，更过分的是，后排有个学生大声说："老师呢，都上课了怎么还不来？"同桌提醒他："老师来了，就在讲台上呢。"那位学生讥笑说："噢，我没有看到，看来我要站起来才能看见老师。"全班一片笑声。看到这里也许你会觉得，这位老师一定会发怒，严厉呵斥并处罚那位学生，接着给全班同学讲爱因斯坦、拿破仑等伟人的故事，以此来为自己挽回一些面子。

然而，这位老师并没有这样做，他挺直身板，大声说："上帝对我说，当今个别学生不用功读书，做事不动脑，只注重身高的盲目发展，这将造成严重的后果。我多次提出警告，但都没有起作用，现在就派你去人间做个示范吧。"这番话说完后，全班同学起立，给了这位身材矮小的老师极其热烈的掌声。刚刚嘲讽老师的那位学生，顿时脸红了，也感到很自责，他默默走到老师面前，边鞠躬边说："老师，对不起，我错了。"

　　还有些人认为，当别人说出的话语带有嘲讽、挑衅的意味时，只要不理他，把嘴闭上不吱声就可以了。这其实是错的，因为闭着嘴不说话是不能达到沟通目的的。

　　有一位很有名的女演员，演戏非常棒，她主演的多部电影都获得过大奖，名声赫赫。一次，在一个记者会上，有一位别国记者想刁难一下这位女演员，就问她说："您对您的相貌满意吗，这么多影迷喜欢您，您觉得他们喜欢您哪里呢？"这位记者的问题让女演员有点为难，她总不能自夸漂亮、演技很好，所以影迷喜欢她吧；但沉默也不是办法，到底该怎么做呢？这时她灵机一动，指了指自己的小虎牙笑着说："我觉得我的小虎牙很漂亮，也很可爱，它使我显得与众不同，所以大家都喜欢我。"周围一片掌声。

　　作为一名正当红的影视明星，这位女演员的一言一行都有可能被媒体大肆炒作，特别是有关相貌的问题，更容易引起别人的议论。那位别国记者想要借这个问题给女演员难堪，而女演员没有给他这个机会，她用自己的机智，有意避重就轻地规避了对自己整体形象的评价，而只针对"小虎牙"作答，使她顺利地过了这一关。


## 机智应对，从容反击


　　我们常说，机智的语言能使人在紧要关头化险为夷，化劣势为优势，使人在社交中事事如意，在学习中排除万难，在工作中无往不利，在人生旅途中处处顺心，最终让人心想事成，在不经意间改变人的命运。

　　春秋时期，齐国出现了一个很有才干的相国（大臣中权力最大的官），他的名字叫晏婴，又叫晏平仲。他既有丰富的知识，又聪明机敏，并关心老百姓的疾苦，敢于批评国君的错误，是齐景公的主要助手。老百姓都尊称他为"晏子"。

一次，晏子出使楚国，楚国国王知道晏子的个子很矮，就想捉弄他。楚王命人在城墙的大门旁边开了个极小的门洞，守门的士兵一本正经，非要让身材矮小的晏子从小门进去。显然，这是一种不怀好意的挑衅行为。晏子心想，此时如果大动干戈，显得有失风度；而如果听之任之，又会令自己蒙受耻辱，令自己的国家蒙羞。于是，他看了看那个小门洞，不解地说道："现在我很为难，因为只有到了'狗国'才走狗洞，如今我出使楚国，该从哪个门进去呢？"

　　招待晏子的官员听他这么一说，赶紧满脸堆笑说："请！请从大门进城！"

　　晏子进去以后，拜见了楚王。楚王故意问："齐国没有别人了吗，怎么派你来了？"

　　晏子回答说："齐国的人多极了，仅都城就有上百条街道，人们把衣袖举起来可以遮住太阳；人们甩掉汗水就像下雨一样。"

　　楚王接着问："既然如此，那为什么派你出访呢？"

　　晏子不慌不忙地回答："我们齐国派使臣出访很有讲究，对那些精明能干的人，就派遣他们出使那些道德高尚的国家；对那些愚蠢无能的人，就派他们出使那些不成器的国家。我是齐国使臣中最愚蠢、最无能的人，所以就派我出使楚国来了。"

　　晏子的这番话使本打算要戏弄他的楚国君臣们面面相觑，半天说不出话来。

　　后来，晏子又一次出使楚国。楚王还想羞辱晏子，就请大臣们出主意。有一位大臣建议，当晏子来的时候，捆绑一个人从楚王面前走过。这时楚王就问："绑着的是什么人？"士兵就回答："齐国人。"楚王再问："为什么要绑他？"士兵就说："因为他偷了东西。"楚王觉得这是一个好主意，就按此布置妥当。

　　晏子来到楚国，楚王设宴招待他。正吃得高兴的时候，两名士兵绑着一个人来见楚王。楚王问道："你们绑的是什么人，为什么绑他？"士兵回答说："是齐国人，他犯了盗窃罪。"楚王看了看晏子，大声说："齐国人天生就喜欢盗窃吗？"晏子站起来，一本正经地说："我听说，橘子长在淮河南边就是橘子,而长在淮河北边就变成枳子,虽然两种植物的叶子一样,但果实的味道截然不同,其根本原因就在于水土不同。现在,这个人在齐国时辛勤劳动,到了楚国反而学会了偷盗,莫非楚国的水土使百姓善于偷盗吗?"

楚王听了晏子一番反驳,苦笑着承认:"圣人是不能同他开玩笑的,我反而自讨没趣了。"

晏子为官一生,类似上面的故事还有很多。他凭借自己的智慧,挫败了一些国家有辱齐国国格和他自身人格的阴谋,他的名声也越来越大,成为春秋末期著名的政治家、外交家。晏子之所以能够出奇制胜,就是因为他在不动声色中使用了"机智妙语"这一语言艺术。

 心灵悄悄话

天性木讷的人,要学流利的说话,自然不易;天性谨慎的人,要学爽朗的话,也不容易;天性直爽的人,要学谨慎的话,如鲠在喉;至于有学问的人,不屑谈日常琐事,也是常情。

# 看准机会再说话

孔子在《论语·季氏》里说："言未及之而言谓之躁,言及之而不言谓之隐,不察颜色而言谓之瞽。"这句话有两层意思:

一是不该说话的时候说了,叫作急躁。

二是应该说话的时候却不说,叫作隐瞒。

三是不看对方的脸色变化,贸然信口开河,叫作闭着眼睛瞎说。

这三种毛病都是没有把握说话的时机,没有注意说话的策略和技巧。因为说话是双方的交流,不是一个人的单方面行为,它要受到诸如说话对象、设定时间、周边环境等种种限制,所以说话要把握时机。如果该说的时候不说,时境转瞬即逝,便失去了成功的机会。同样地,如不顾说话对象的心态,不注意周边的环境气氛,不到说话的火候却急于抢着说,很可能引起对方的误解,甚至反感。如果信口开河,乱说一通,后果就更加严重。

战国时,楚王的宠臣安陵君能说善道,很受楚王器重。但他并不遇事张口就说,而是很讲究说话的时机。他有一位朋友名叫江乙,对他说:

"您没有一寸土地,又没有至亲骨肉,然而身居高位,享受优厚的俸禄,国人见了您,无不整衣跪拜,无不接受您的号令,为您效劳,这是为什么呢?"

安陵君说:"这是大王太抬举我了。不然哪能这样!"

江乙便不无忧虑地指出:"用钱财相交的人,钱财一旦用尽,交情也就断了;靠美色相交的人,色衰则情移。因此,狐媚的女子不等卧席磨破,就遭遗弃;得宠的臣子不等车子坐坏,已被驱逐。如今您掌握楚国大权,却没有办法和大王深交,我暗自替您着急,觉得您的处境太危险了。"

安陵君一听，恍然大悟，毕恭毕敬地拜问江乙："既然这样，请先生指点迷津。"江乙说："希望您一定要找个机会对大王说：'愿随大王一起死，以身为大王殉葬。'如果您这样说了，必能长久地保住权位。"安陵君说："谨依先生之言。"

但是，过了很长时间，安陵君依然没有对楚王提起这话。

江乙又去见安陵君，说："我对您说的那些话，您为何至今不对楚王说？既然您不用我的计谋，我就再不管了。"

安陵君急忙回答："我怎敢忘却先生的教诲，只是一时还没有合适的机会。"

又过一段时间，机会终于来了。此时楚王到云梦打猎，一箭射死了一头狂怒奔来的野牛。百官和护卫欢声雷动，齐声称赞。楚王也高兴得仰天大笑，说："痛快啊！今天的游猎，寡人何等快活！待寡人万岁千秋之后，你们谁能和我共有今天的快乐呢？"

此时，安陵君抓住机会，泪流满面地走上前来，说："臣进宫就与大王同共一席，出宫与大王同乘一车，如果大王万岁千秋之后，我愿随大王奔赴黄泉，变作芦草为大王阻挡蝼蚁，那便是臣最大的荣幸。"

楚王闻言，大受感动，随即正式设坛封他为安陵君，对他更加宠信了。

这件事说明，把握说话时机非常重要，这个过程需要充分的耐心，也需要积极进行准备，等待条件成熟，但绝不是坐视不动。《淮南子·道应》云："事者应变而动，变生于时，故知时者无常行。"安陵君的过人之处，便在于他有充分的耐心，等待楚王欢欣而又伤感的那个时刻。此时，动情表白，感人肺腑，愉悦君心，终于受封，保住了长久的荣华富贵。

心灵悄悄话

你的话，专从小处着眼，常就小事，择其利弊，指其浔失，说经验，谈做法，不空言理论，而重实际。这样，你的话完全合于现实生活，为一般人所乐道的问题。

# 后退是为了前进，学会灵活变通

　　"二战"期间，有几名日本战俘和几名德国战俘一起被关在西伯利亚的某个地方。日本军官集中营的日本军官，每天都可配给15克的砂糖，但后来不知出于什么原因，这种供应竟停止了四五天，因此，日本的军官们都非常生气！

　　"这不是对我们的漠视吗？我们就这么不值钱？喂，朋友们！我们一定要严重抗议。"

　　于是，这群义愤填膺的日本军官一见到苏联财务官来了，他们就大声责问：

　　"喂！你们为什么不再配给我们砂糖呢？"这话说得理直气壮，而且带有点咄咄逼人的味道。

　　"很简单，因为仓库里已没砂糖可分配给你们了。"财务官爱理不理地说。

　　"哼！你们这叫什么话？按照国际俘虏法的规定，我们有每天得到一定砂糖的权利，你们这么做是违法的，你们这是虐待俘虏！"

　　"哦！国际俘虏法？我也知道这一点，但砂糖不是国际俘虏法买来的啊，上级没配下来，我们怎么配给你们？"说完，他注意到房间里挂着一幅画，"这是什么呢？"

　　"这是我们神圣日本的象征！"

　　"象征？"财务官摇摇头，"你们日本很神圣？"

　　这似乎把这群日本军官激怒了，他们大声叫着："天地、正气……"

　　财务官扬长而去，他来到了德国军官的集中营，一抬头就见到了房间的正面悬挂着斯大林的画像。他微笑着说道:"嗯! 好! 好!"

这时,一些德国战俘毕恭毕敬地泡了杯茶请他喝,并"画龙点睛"地说了句:"不成敬意,如果这茶里放入些砂糖就好了。"

财务官喝了几口茶便走了。

第二天,德国战俘营里便配给了砂糖,而日本战俘却没配到。

中国人有很多古话,比如"大丈夫能屈能伸""站人屋檐下,不得不低头"等,说的就是德国俘虏的这种做法。

日本人一味要强,用这种不聪明的方式,使对方感到恼怒,他们当然得不到好处。而德国俘虏却懂得变通,他们看似软弱,但他们的软弱与讨好只是表象,根本不能代表他们的内心,看似退,实则为进;看似柔弱,实则刚强。所以,他们达到了目的。

总结这一点,我们可以认为:交涉的时候,最重要的就是让对方对自己产生好感,而不是寻找一些理由来使他屈服。在一般的交谈中也是如此。

有一次,比利搭出租车,因为司机正在收听棒球比赛的实况,所以比利和他也顺口聊些有关球队的问题。如:乙队如何,甲队又如何等,当然在比利尚未明了他心中真正的想法之前,例如他较欣赏哪一队,他不随意答话,唯恐引起对方的不快而影响到自己乘车的安全。

刚开始时比利只是适当附和对方,当确知对方想法与自己不相符时,就暂依其意,之后再慢慢地说服他,使他赞同自己的意见。比利这么做更容易让对方接受,而且能避免彼此间的不快。不过这种方式也得看对方是否有明确的主见,或他的见解不如你理想时才适用。譬如,对方正发表"高见"时,你不妨频频点头以表同感,使对方感到你与他属"同一国"的,即使你提出或多或少的异议,他也不会在意,于是,你便可一步步将对方诱入自己的圈套,最后,对方已不知不觉地将自己的整个看法推翻了。若一开始便与对方唱反调,反而对自己不利。

欲进还退不仅可以用在交际中,而且可以用于辩论中。在唇枪舌剑的交锋之中,一味地强攻疾进是不可能获胜的,就像打出拳头之前要先收回拳头一样,有时为了出击有力,还须适当退却。只有始终牢记目标,洞察进退的利害,把握进退的时机和分寸,以退为进,才能控制主动,稳操胜券。

心灵悄悄话

你的态度是恭恭敬敬,你的精神是仁慈敦厚,既不肆意高谈大论,也不婉转圆滑。言虽木讷,但中肯。话虽简单,但扼要。问题里所有重要的含意,都用浅白的话表现。这种方式诚实朴质,不矫不饰。

# 保持清醒与理智

生活中也许会有一些性格冲动或没有教养的人对你说下面的话：

**"说话之前应该先想一想。"**

当对方如此指责你时，不见得是提醒你多思考，而是指责你说了令他不快的话。这时，你可以把重点放在时间的问题上："很抱歉，是我疏忽了，那么依您看，说话之后该怎么样呢？"最简单的方法就是报以微笑，然后默默不语，如果对方等得不耐烦，想再说什么，你就打断他："嘘！我正在想呀！"

**"你父母是怎样教你的？"**

谈话之中突然牵扯到你的父母，这是最令人生气的事，但是你千万别因为父母受到对方指责而生气，对方可能只是一时冲动所说的气话。

这时你不妨默默想一会儿，再说："我不记得了，恐怕得麻烦你亲自去问他们。"或者态度谨慎而肯定地回答他："我很抱歉使您恼怒，但是我想这么没礼貌的问题，不应该由一位绅士口中说出来。"

**"你以为你是谁？"**

这种话通常是对方恼羞成怒时，容易脱口而出的话。这时，你不妨谦和一点，请教他："我倒没想过这个问题，你呢？你认为自己是谁呢？"或者以开玩笑的方式说："我不大确定，不过我应该算是个大人物吧！有不少人找我说话呢！"

**"你连这点小事都做不来吗？"**

如果对方如此询问你，这时你可以向他求教："我不知道，请问你可以告诉我第一步该怎么做吗？"

在人与人的交谈中，难免会因一时恼怒而说出气话，也许对方话一出口就已经后悔,但是因为你的愤怒反应,使他不甘示弱而与你针锋相对。因此,判断对方是无心之语时,你不妨较有技巧地应对,让对方心平气和,自觉失言。

公然直接羞辱人的语言大都有一个共同点:说话的人很冲动,而且被逼得无话可说,你千万不能因为对方的一句辱骂,变得像他一样失去理智,否则你们两个人之间的关系将会决裂,无法补救。最好的对策是保持冷静,从容应对。

## 创意口才,深刻锐利

法国著名文学家罗曼·罗兰曾说过:**"创意是历史永远有效的契机。"**在口才领域,创意是一个人言谈深受众人欢迎的重要动力。在交谈过程中,言语机智、有创造性、有新意的人更易吸引他人的注意,也容易说服他人赞同自己的观点。

那么,该如何让语言充满创意呢? 打破制约,增强头脑的超越性。这句话的意思是指使自己从单一思维模式里挣脱出来,使用多种思维的方法,调动多个视角来面对一切,敢于提出质疑。例如向自己提出一系列"假如",然后试着回答它们。

电影的发明者法国卢米埃尔兄弟曾经是一对摄影爱好者,他们在发明电影的过程中,想向当时国家组织的摄影家团体申请资金,这让他们遭到了别人的质问和耻笑。面对这种窘境,卢米埃尔兄弟就运用了"假如"技巧,机智巧妙地化解了尴尬并说服了他人。

当时有人质问他们说:"你们究竟想做什么?"

卢米埃尔兄弟回答:"假如胶片会动的话,我们是说假如胶片能动,连续不断地形成一段图像的话,那会对我们很有帮助。"

那人不以为然地说:"仅仅是假如吗? 如果不成功呢?"

卢米埃尔兄弟回答:"假如第一个类人猿不敢设想它能站起来走路的

话,那么我们人类今天还会在地上爬。"

卢米埃尔兄弟这句用以反驳对方的话成为了电影史上的名言。他们很好地利用了"假如"视角,完全说服了顽固不化的对手。所以说,面对新事物或新观点时,如果我们能大胆假设,摆脱时空束缚,更多地使用"假如"去观察他们、评价他们,就能培养出具有创造性的口才。

不人云亦云,随波逐流。在谈话过程中,当发现交谈的事物背后存在多种可能性时,应勇于提出质疑,不能轻易相信那些约定俗成的说法或者似是而非的论断。

希波克拉底是古希腊的医学之父。有一次,他与某人进行了一场辩论,那人说:"如果医药能解救人的生命,那么人为什么还得死呢?这说明医药是不起作用的。"

希波克拉底反驳说:"未必。医药不是长生的符咒,它只为患病的人解除痛苦,如果你认为医药没有用的话,那当然可以不就医。"

那人又说:"如果我不就医的话,要医生有什么用呢?"

希波克拉底说:"你是你自己,其他人未必和你想的一样。"

在这场辩论中,针对那人以偏概全、以个体代替所有人的荒谬论点,希波克拉底只用两个"未必"就从容不迫地驳倒了对方。由此可见,当我们面对一个观点时,不可人云亦云,随波逐流,应多说几个"未必",从而探索事务的多种可能性。这种探索事物多种可能性的思维方式可以使你的讲话深刻犀利,富有表现力和创新性。

心灵悄悄话

我们现代人应当成为这个样子的人——就是要看得远,要让眼界宽广。别始终只留在自己的角落里,只看见同样的一些街道和人物,同样的一些墙和屋顶,同样的一个地平线。

# 第九篇

## 说服的口才价值

　　说服是一门科学。尽管它常被误认为是门艺术。很多有才能的艺术家都接受过技能训练,以更好地发挥天分。然而,真正享有盛誉的艺术家依靠的是天生的才能和创造力,这些是经他人指点也无法获得的。所幸,说服力不像艺术,它是能通过学习得到提高的。即使是自认为不具说服力的人,也能通过学习心理学知识、运用有效技巧来增加说服力。我们想说服别人,首先必须具有强大的人格力量,必须有光明磊落的心胸,必须要时时都能够为别人着想,使别人产生信赖感。

# 别人信任你才会听你的

## 说服别人首先要赢得信任

　　社会上总有这么一种人,对朋友犯错误感到非常的痛心。由于他们经常在一起,平时他也经常劝说朋友,然而他的朋友却不采纳他的"忠言",以致"身败名裂"。当有人询问时,他会慨叹地说:"我早已不知跟他说过几千遍了,他就是不听,我又有什么办法!"

　　当然,一个人的失败,不应该由他人来负责。但这位先生说了"几千遍"的"忠言",很可能是一种"单调的重复",没有什么说服力。因此,当我们跟别人谈了一次之后,必须把自己说过的话再重新回忆一次,检查一次,看在什么地方没有表达清楚,什么地方强调得不够,理由还不大充分。更重要的,是要把对方的话拿出来细细地咀嚼,把对方许多不以为然的地方,拿回来细细地推敲。要不断虚心地反问自己:"这一点我不是已经说得非常清楚了吗,为什么还不明白呢?""为什么他总是坚持已见呢?"

　　最初,常会觉得对方"无可理喻""莫名其妙""不可思议",甚至因此慨叹、生气、摇头……但是就在这个时候,冷静地思考,仔细地分析,反复地研究和探索,会帮我们很大的忙。

　　渐渐地,在苦恼和困惑中,找到了一条出路,发现我们的哪一句话引起了对方的误会;或者,知道对方对我们的动机有所怀疑;或者,对方提出的问题,都不是主要的理由,因此他们所说的理由,都是很容易驳倒的。但是,就在这些很容易驳倒的理由的后面,还隐藏着一个或几个最充分最重要的理由。这个理由,他不肯说出来,或是不敢说出来。一个人常常不肯说出他的真正的理由,因为他还不信任我们。也许他不相信我们对他的真正的关心和十足的诚意,不相信我们有替他解决疑难问题的能力,不相信我们能够全心全意地为他着想,不相信我们能够替他保守秘密。

**只要他还不相信我们,他就不会把他的内心秘密向我们坦白地全部托出,那么,我们就不会明白他的用意,不会明白他的动机,我们也就无法说服他们。**

从以上的情况看,**我们想说服别人,首先必须具有强大的人格力量,必须有光明磊落的心胸,必须要时时都能够为别人着想,使别人产生信赖感。倘若这样,相信你的"忠言"是会起作用的。**


## 让对方跟着你走


由于人们在社会活动中所处的地位不同,家庭环境、社会经历、文化程度、心理需要、个人品质、性格脾气、兴趣爱好也各不相同,同一类型的事情发生在不同的个体身上,就会产生不同的思想观念。当一个人心中存在一种不正确的,但又不是错误的观念,而打算向错误的方向发展的时候,此刻,我们要改变他的思维方式使之向正确的方向发展并不是一件容易的事。

我们要说服别人改变他的思维方式,可以采取正面说、反面说、侧面说的方法,这里各举一两个事例加以证明。

### 1. 正面说

这是一个用正面言辞夸大对方的错误意愿,在对方彻底认识自己的错误后,而不得不改正的说服原则。

《史记·滑稽列传》中记载:楚庄王最心爱的枣红马病死了,庄王打算用大夫的丧礼来安葬它，群臣认为这种做法不妥。庄王下令说："谁来劝谏我不要以大夫礼仪葬马的，就处以死罪！"优孟得知此事后，上殿仰面大笑，庄王惊问其故。优孟没有直接说庄王葬马这件事欠妥之处，而是说以大夫之礼安葬枣红马显得寒酸，应以国君的葬礼来安葬。庄王更加糊涂了，要优孟解释清楚。优孟说："应以雕玉为棺，文梓为椁，调动大批士卒修坟，征用大批百姓负土。送葬时，让齐国、赵国的使节列于前，让韩国、魏国的使节翼随于后；再给它造起祠庙，祀以太牢之礼，奉以万户之邑。这样一来，诸侯各国就知道大王您把人看得轻贱，而把马看得很尊贵了。"庄王一听，突然醒悟过来，深责自己险些铸成大错，遂打消了用大夫礼葬马的念头，改以六畜之礼葬之。

### 2. 反面说

这是从事物的反面入手揭示出它的错误的原则。

秦宣太后爱魏丑夫，太后病危将死之时，下令说："埋葬我的时候，一定要魏子殉葬。"魏丑夫听后十分害怕。庸苗可怜魏丑夫，为他向太后求情。他问太后："您认为死了的人还有知觉吗？"太后说："没有知觉了。"他又说："像太后这样圣明聪慧的人，明明知道死者是没有知觉的，为什么白白地将自己生前所热爱的人用来为没有知觉的死人陪葬呢？如果死者真有知觉，那先王一定已经长期积怒在心了，太后连补救过失的时间都不够，哪里还有时间去私爱魏丑夫呢？"太后听了连连称好，而魏丑夫也免于一死。

这就是违背他的本意，用道理直击其错误，使他想违抗又不能违抗，想发怒又不能发怒，最后只得低下头来，跟着你的意思走。

### 3. 侧面说

这是从别人思想的侧面指出他的错误的原则，是一种隐匿的说法。

优旃是秦朝皇宫里的歌舞艺人，个子非常矮小。他擅长说笑话，然而都能合乎大道理。秦始皇曾经计划扩大射猎的区域，东到函谷关，西到雍县和陈仓。优旃说:"好。多养些禽兽在里面,敌人从东面来侵犯,让麋鹿用角去抵挡他们就足以应付了。"秦始皇听了这话,就打消了扩大猎场的念头。

正面说、反面说、侧面说作为有效的说服方法在具体运用时,只要采取慎重的态度,就可以不用花多大的力气而达到目的。这三条原则中,正面说和侧面说都是为了避免和对方发生正面冲突、在维护对方自尊心的前提下建立起来的。富兰克林为了维护他人的自尊心,不仅不直接指出对方的错误,而且不用自信的口气、坚决的语气说话。他总结说:"我立了一条规矩,绝不准自己太武断。我甚至不准自己在文字或语言上有太肯定的意见。比如当然、无疑等,而改用我想、我假设、我想象一件事该这样或那样。当别人陈述一件事而我不以为然时,我绝不立刻驳斥他或立即指正他的错误。我会在回答的时候,表示在某些条件和情况下,他的意见没有错,但在目前这件事上,看来好像有其他的可能。我很快就领会到我这种改变态度的收获:凡是我参与的谈话,气氛都变得融洽多了。"

能做到富兰克林说的这些,你便能牵着别人的鼻子走,而他却不会感觉到他的鼻子被你牵拽着,如此也就达到了预想的目的。

心灵悄悄话

> 场合是决定说话效果的重要环境因素,同样的话在不同的场合说,所产生的实际效果是不一样的。场合是交际时的地点与气氛。场合有庄重与随便、自己人与外人、正式与非正式、欢快与悲痛、公开与私下之分。因此注意说话场合,就是两面都要兼顾。

# 分析事实，说服不难

**人们常说"事实胜于雄辩"，在具体的事实面前，即使再蛮横、再能狡辩的人，也不能置事实于不顾，睁着眼睛说瞎话。**

当你在与人争论或者帮人分析问题时，摆事实讲道理显得尤为重要。因此，即便你再怎样空洞地高谈阔论，就算音量再高，言辞再犀利，也没有人为之打动的。因为，我们都是生活在客观世界中，一切依赖于实物和事实，说话也要有凭有据。

如果面对一个不明就里跟你争论的人，你就必须搞清楚事实真相，然后再化解矛盾。所谓靠事实说话，说服不难。

约翰·施特劳斯是奥地利有名的作曲家，一次，他刚结束在维也纳国家音乐厅举办的"个人钢琴演奏会"，回到住所，就碰到一名怒气冲冲的俄国军官。那名俄国军官愤怒地递上一份"决斗书"，说施特劳斯是他的情敌，他要跟他决斗。

施特劳斯感到莫名其妙，自己好端端的怎么就成了对方的情敌？不过，他首先冷静了下来，让对方把决斗的原因说清楚。

那军官气愤地说："你每次演出，我的妻子都要送鲜花给你。鲜花代表着爱情，都是送给情人的，既然她送鲜花给你，那你俩一定关系暧昧！既然你破坏了我的家庭，你就是我的情敌！这还有什么可说的。"

听到这荒唐的推理，施特劳斯感到哭笑不得，本想好好地回敬几句，但稍一冷静后，他改变了主意，说："军官先生，我领你看些东西。"

说完，他把军官和随从带到了一处宽大的花房，那里放着成千上万束鲜花，施特劳斯对俄国军官说："请把尊夫人送给我的鲜花挑出来吧，让它

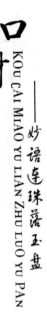

作证,我们好决斗啊!"

　　那军官和随从看着数不清的鲜花,不禁目瞪口呆:"原来有这么多的人送花啊!"至此,这位军官才觉出自己的鲁莽,没弄清事实就贸然行事,他不好意思地向施特劳斯道歉。

　　施特劳斯的聪明在于,他没有迎面而论,而是采用寻找事实的方法侧面说服了军官,从而澄清了自己。

　　在现实生活中,我们也常常会遇到这样的情况。比如小孩子爱乱穿马路,这时候,你要说服他,如果单纯只是空洞地说教或者恐吓是不起作用的,因为他在内心里并没有心甘情愿接受你的观点,也就是说,你的话对他并没有说服力。那要如何才能有说服力呢,这时候,你最好给他讲一些小孩因横穿马路而遭遇车祸的实例,最好是电视里的现场报道或者书刊上的实例解析,这样比较权威,也容易让小孩子信服,他自己自然而然就会害怕,从而改正不良习惯。

　　可见,**想要说服别人,切忌泛泛而谈,内容空洞,空泛说教只会引起人的抵触和反感。只有讲事实才是硬道理。**

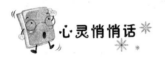
心灵悄悄话

　　世界上没有十全十美的人,不可随随便便说人家的短处,或揭露别人的隐私。首先你要明白,你所知道关于别人的事情不见得可靠,也许另外还有许多苦衷并非是你所能明白的。而话传出去就收不回来,事后当你完全明白了真相时,你就更正不了了。

# 寓理于事，不言自明

在人际交往中，我们常会遇到一些不想回答而对方又追问的问题，这时不妨采用寓理于事的方法，即针对提问讲一个事例，让对方认同其中包含的道理，然后将此道理应用于对方的提问，使答案不言自明。

罗斯福第四次连任美国总统的当天，许多记者都抢着采访他，请他谈谈连任四次的感想。有位年轻记者有幸得到罗斯福的接见，这个年轻人受宠若惊。然而罗斯福并没有正面回答他所提出的问题，而是先请他吃一块蛋糕。

记者十分高兴，他很快便把蛋糕吃下去了。接着，总统又一连请他吃了两块蛋糕。这位年轻记者其实肚子已经饱了，然而盛情难却，他还是勉强吃了下去。

当记者正在抹嘴之际，罗斯福总统又笑吟吟地对他说："请再吃一块吧！"那记者实在是吃不下去了，只好向总统表明。这时，罗斯福总统笑着对他说："这下不需要我再谈第四次连任的感想了吧？刚才你一定有很多切身的体会。"

罗斯福的聪明就在于此，他并没有直接告诉记者自己的感受，而是让记者借连吃4块蛋糕的感受去体会自己连任四次总统的感想，真可谓高明之极。**如果寓理于事，对方就容易接受你的建议了。"邹忌讽齐王纳谏"的故事就形象地说明了这一点。**

邹忌身高八尺多，体形容貌美丽。有一天早上，他穿好衣服，戴上帽

子,照着镜子,对他的妻子说:"我跟城北的徐公谁漂亮?"他的妻子说:"您漂亮极了,徐公哪里比得上您呀!"原来城北的徐公,是齐国的美男子。邹忌自己信不过,就又问他的妾说:"我跟徐公谁漂亮?"妾说:"徐公哪里比得上您呢!"第二天,有位客人从外边来,邹忌跟他坐着聊天,问他道:"我和徐公谁漂亮?"客人说:"徐公不如您漂亮啊。"又过了一天,徐公来了,邹忌仔细地看他,自己认为不如他漂亮;再照着镜子看自己,更觉得相差太远。晚上躺在床上反复考虑这件事,他终于明白了:"我的妻子赞美我,是因为偏爱我;妾赞美我,是因为害怕我;客人赞美我,是想要向我求点什么。"

于是,邹忌上朝廷去见威王,说:"我确实知道我不如徐公漂亮。可是,我的妻子偏爱我,我的妾怕我,我的客人有事想求我,都说我比徐公漂亮。如今齐国的国土方圆1000多里,城池有120座,王后、王妃和左右的侍从没有不偏爱大王的,朝廷上的臣子没有不害怕大王的,全国的人没有不想求得大王的恩遇的。由此看来,您受的蒙蔽一定非常厉害。"

威王说:"好!"于是就下了一道命令:"各级大小官员和老百姓能够当面指责我的过错的,得头等奖赏;书面规劝我的,得二等奖赏;能够在公共场所评论我的过错让我听到的,得三等奖赏。"

"寓理于事,不言自明",是一种很高明的人际应对技巧。但在运用时一定要注意:所讲之事必须通俗明白,易为对方理解和接受。若是生拉硬扯,牵强附会,那只会弄巧成拙。

心灵悄悄话

　　你每日所遇见的各种可以作为谈话的题材和资料,绝不仅仅只是你与人谈话的题材和资料而已。它们代表每一个事实。你要清楚每一句话,都正向你说明些什么,它们全都向你提供一些对人和对事的看法,都在影响你对人生的观点与态度。

# 不同的人采用不同的说服方式

社会上有这么一种人，一方面盲目自大，不相信别人比他更聪明、更正确。另一方面又非常缺乏自信，生怕自己的理由被别人驳倒，生怕自己的信心被别人动摇，因而不敢说出真正的理由。

**说服这种人要有真诚的态度，足够的机智，并且要去了解他的思想及内心世界。这就要靠我们平时对别人的生活多留心，熟悉各种人的思想与行为的规律，能够深入地分析别人的内心活动。**

当我们猜中别人的时候，别人可能会脸红，可能感到非常狼狈，甚至于会恼羞成怒，把错误坚持到底。这种情形当然并非我们所愿意看到的。

但是我们必须了解：**一个人内心坚固的堡垒一旦被人摧毁后，是非常震动和痛苦的。**这时，我们就需要设法减轻他们的痛苦，或是使他们不觉得痛苦，反而觉得快乐。这就需要我们有一颗至诚的心，能够真正为别人着想，不但能够指出他们的错误，而且能为他们指出光明的前途。

还有一种人更难说服，这种人对他心中的真正的理由，不是不肯说，也不是不敢说，而是不知道，是真正不知道。

对别人的说服工作，如果你用的方法及言语很正确，对方仍然表现出茫然不解或不以为然时，我们就要动脑筋了。这就需要我们立刻顺风转舵，改变初衷，换一个更好的方式。

同样的内容，可以有千百种表达的方式和方法。同样意思的话，可以有千百种的说法。我们要随时反省自己：我们的话，对方能够接受吗？是讲得太深奥了，还是讲得太肤浅了？是把问题提得太高了，还是把问题提得太低了？是我们的话太武断了，还是太含蓄了？是我们所用的词汇太文雅了，还是太粗俗了？

　　说服这件事情,仔细研究起来,是非常复杂的。有时,我们可能因为用错一个字眼,无端地惹起对方的反感。在我们这个社会中,各个阶层,各种宗教,各种信仰的人,都各有一套说话的习惯、各有一套习惯的用语。讲究口才的人,对这方面的知识都相当看重的。要和别人建立更深入的关系,最好能善于把握对方惯用的语言。

　　**总之,我们的话一出口,也像一个人要远行一样,未必一帆风顺。**如果这个说法没有效果,或效果不好的时候,就要换个说法,直到对方完全了解,完全赞同。事实上,有些比较困难的说服工作,绝不是一次或几次的谈话就可以收到效果的,有时候需要很久的时间,有时候还需用事实、用行动去做我们言语的后盾。

　　在说服别人的过程中,我们必须不断地深入了解自己的问题,并且丰富自己对人对事的认识,否则,如果只是单调地重复我们已经说过的话,那么除了令人讨厌之外,恐怕得不到什么说服的效果。

　　因此,当我们要说服别人的时候,每一次见面,每一次谈话,必须增添一些新的材料,多一些新的理由,加一点儿新的力量。一句话,有了新的发展,阵地才能更向前推进一步。

心灵悄悄话

　　我们在与他人谈话之前,应该先了解对方可能感兴趣的话题是什么,即使每个人感兴趣的话题不同,但都离不开日常生活。这也就是说,只要我们在平常的生活中保持着敏锐的观察力,就可搜集到丰富的谈话题材,进而能够与不同阶层的人交谈。